최신개정

신공략 중국어 ①

다락원

최신개정 신공략 중국어

원제 《汉语口语速成》_入门篇·上册
(第三版) 北京大学出版社
저자 马箭飞(主编)
苏英霞·翟艳(编著)
편역 변형우·주성일·여승환·배은한

1

다락원

들어가는 말

『최신개정 신공략 중국어』 시리즈 소개

『최신개정 신공략 중국어』는 《汉语口语速成》이라는 제목으로 중국에서 발간된 중국어 회화 교재의 한국어판이다. 외국인에 대한 중국어 교수법을 다년간 연구해 온 베이징어언대학 교수진에 의해 공동 기획 및 집필된 이 시리즈는 중국에서 입문편 상·하(入门篇·上册/下册), 기초편 상·하(基础篇·上册/下册), 제고편(提高篇), 중급편(中级篇), 고급편(高级篇) 총 7단계의 시리즈로 발간되었다.

《汉语口语速成》은 1999년 제1판, 2005년 제2판이 베이징어언대학에서 출간되었고, 2015년 제3판이 새롭게 베이징대학에서 출간되며, 주요 국가 언어로 번역되어 중국어를 배우는 전 세계 학생들과 함께하고 있다. '중국어 교재의 바이블'이라는 수식어답게, 오랜 시간 대외한어 교재를 대표하는 최고의 책으로 평가받고 있다.

이 시리즈는 중국어를 처음 접하는 학생들이 최단 기간 효율적으로 중국어 의사소통 능력을 향상시킬 수 있도록 돕기 위해 개발되었다. 학생들이 매 수업시간 학습 효과를 스스로 느낄 수 있도록 실용성과 실효성에 많은 비중을 두고 집필되어 실제 학습자와 교수자의 만족도가 매우 크다.

『최신개정 신공략 중국어』는 원서가 가진 특장점은 살리면서, 한국인의 언어 학습 환경에 적합하도록 국내 교수진과 다락원이 오랜 시간 기획 및 재구성 작업을 거쳐 출간하게 되었다. 좋은 교재가 학습자의 멋진 길잡이가 되길 기대한다.

다락원 편집부

『최신개정 신공략 중국어 1』 소개

『최신개정 신공략 중국어 1』은 본문 10과, 복습 2과로 구성되어 있다. 원서《汉语口语速成》_入门篇・上册/下册 각 15과 구성(총 30과 구성)을 한국 내 대학 수업 시수에 알맞게 10과씩 세 권으로 나누고, 복습과를 추가하여『최신개정 신공략 중국어 1, 2, 3』으로 재편하였다. 이 점이 구판인『新신공략 중국어』시리즈와 크게 달라진 점이다.

원서에는 없는 워크북을 추가 구성해, 교체 연습, 확인 테스트, 간체자 쓰기 연습에 활용할 수 있도록 하였다. 또한 모든 문제에 모범답안을 제시해 학습 효율을 최대한 높이고자 하였고, 음원 트랙 또한 세분화하여 학습자의 편의를 최우선으로 하였다.

이번 최신개정판에서는 시류에 따라 변화한 몇몇 부분을 수정·보완하고, 학습자와 교수자의 요구를 최대한 반영하였다. 한국 교수 현장에서 빛을 발할 수 있도록 오랜 시간 기획하고 준비한 만큼, 이 교재를 사용하는 교수자와 학습자 모두에게 더욱 환영받는 교재가 되길 바란다.

지난 십 수년간 국내 수많은 대학과 학원에서 교재로 활용되면서 그 우수성과 학업 성취도가 이미 입증된『신공략 중국어』시리즈이기에, 이번 최신개정판 역시 그 명성에 부합할 것임을 확신하며, 이 교재를 자신 있게 추천한다.

역자 **변형우, 주성일, 여승환, 배은한**

이 책의 순서

들어가는 말	4
이 책의 순서	6
이 책의 구성 및 활용	8
이 책의 표기 규칙	12

01 你好! 안녕하세요! 18
성조와 운모 | 성조 | 경성 | 제3성의 성조 변화 | 不(bù)의 성조 변화

02 你好吗? 잘 지내세요? 32
성모(1) | 운모(1) | 성모와 운모의 결합(1) | 성조 부호 표기법 | 격음 부호

03 你吃什么? 뭐 먹을래요? 42
성모(2) | 운모(2) | 성모와 운모의 결합(2)

04 多少钱? 얼마예요? 54
성모(3) | 운모(3) | 성모와 운모의 결합(3) | 한어병음 표기법

05 图书馆在哪儿? 도서관은 어디에 있나요? 66
성모(4) | 운모(4) | 성모와 운모의 결합(4) | 一(yī)의 성조 변화

● **복습 1** 01~05   78

06 我来介绍一下儿。 제가 소개 좀 할게요.   88
중국어의 일반적인 어순 | 是자문 | 관형어와 구조조사 的 | 형용사술어문

07 你身体好吗? 건강은 괜찮으신가요?   98
주술술어문 | 의문문(1) | 정반의문문 | 有자문

08 你是哪国人? 당신은 어느 나라 사람이에요?   110
의문문(2) | 개사구조 | 几와 多少 | 수량사가 관형어로 쓰이는 경우

09 你家有几口人? 당신의 가족은 몇 명이에요?   124
가족 수를 묻는 표현 | 직업을 묻는 표현 | 나이를 묻는 표현

10 现在几点? 지금 몇 시예요?   136
명사술어문 | 시간 표현법 | 연월일 및 요일 표현법

● **복습 2** 06~10   150

부록
본문 해석   162
모범답안 & 녹음대본   166
한어병음자모 배합표   190

이 책의 구성 및 활용

『최신개정 신공략 중국어 1』은 본문 10과, 복습 2과로 구성되어 있습니다.
제1과에서 제5과는 '중국어의 발음—단어 익히기—회화 배우기—내공 쌓기'로 구성되어 있습니다. 중국어를 처음 접하는 학습자들을 위해 제5과까지는 발음을 중점적으로 다룹니다.

| 본서 |

중국어의 발음

1~5과까지는 중국어의 발음을 중점적으로 학습합니다. 중국어의 발음 구성과 발음 방법을 배우고, 귀와 입으로 반복적으로 훈련하면서 회화의 기본이 되는 정확한 발음을 익힙니다.

단어 익히기

'회화 배우기'와 '어법 다지기'에 나오는 단어를 모아 정리했습니다. 단어 학습은 외국어 실력 향상에 중요한 밑거름이 됩니다. 반복적으로 듣고, 읽고, 써 보면서 단어를 암기해 보세요.

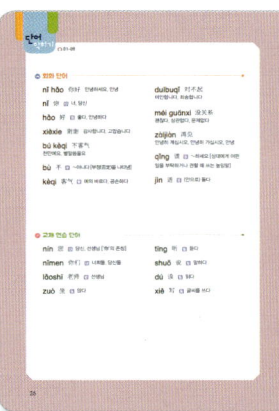

회화 배우기

각 과의 주제에 따라 3~4개의 회화 또는 단문이 제시됩니다. 의미를 파악하고, MP3 음원을 활용해 여러 번 듣고 따라 말하며 입에 붙을 때까지 반복 학습해 보세요.

제6과에서 제10과는 '단어 익히기—회화 배우기—어법 다지기—내공 쌓기'로 구성되어 있습니다. 제6과부터 기초 어법을 배우며 중국어의 문장 구조와 활용법을 학습합니다.

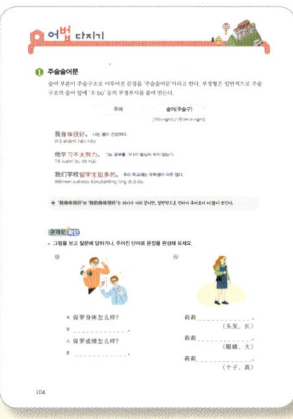

어법 다지기

본문의 핵심 표현과 어법 지식을 학습합니다. 중국어의 문장 형식을 이해하고, 예문을 통해 다양한 활용법을 익혀 보세요.

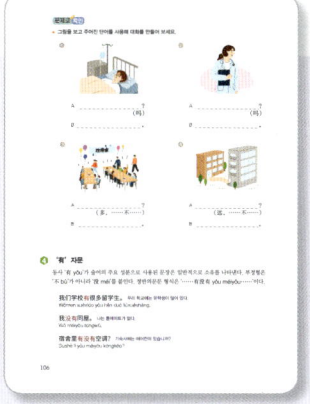

문제로 확인

어법 이론을 학습한 후, 내용을 정확히 이해했는지 문제를 풀어 보며 스스로 확인해 보세요.

내공 쌓기

유형별 문제를 풀며 배운 내용을 정리하고, 각 과의 학습 성과를 점검해 봅니다. 정해진 답이 없는 서술형 문제는 자유롭게 자기 생각을 이야기해 보세요.

| 부록 |

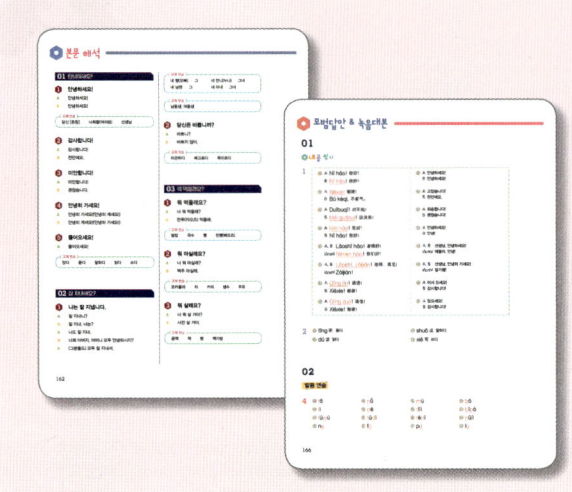

본문 해석, 모범답안 & 녹음대본

'회화 배우기'의 해석과 '문제로 확인', '내공 쌓기'의 모범답안 및 녹음대본을 정리했습니다. 자신만의 답안을 먼저 만들어 본 후, 모범답안과 비교하며 공부해 보세요.

| 워크북 |

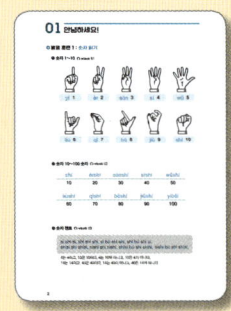

발음 훈련

정확한 발음을 위해서는 반복 훈련이 제일 중요합니다. MP3 음원을 들으며 원어민의 발음을 반복해서 따라 해 보세요.

핵심 표현·교체 연습

각 과의 핵심 표현을 다시 확인하고, 교체 연습을 통해 다양한 활용법을 익혀 보세요.

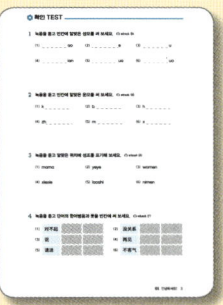

확인 TEST

문제를 풀며 각 과에서 배운 내용을 되짚어 보고 학습 성과를 점검해 보세요.

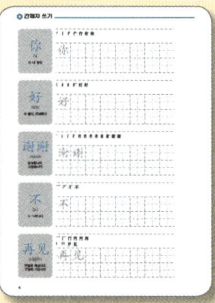

간체자 쓰기

각 과의 주요 단어를 직접 써 보며, 쓰기 훈련을 해 봅니다. 정확한 필순에 따라 연습해 보세요.

이 책의 구성 및 활용

| MP3 음원 |

교재 페이지마다 해당 MP3 음원의 번호가 기재되어 있습니다. 원어민의 음성 녹음을 반복해서 들으며 공부해 보세요.

MP3 다운로드

- MP3 음원은 '다락원 홈페이지(www.darakwon.co.kr)'를 통해서 무료로 다운로드 하실 수 있습니다.
- 스마트폰으로 QR 코드를 스캔하면 MP3 다운로드 및 실시간 재생 가능한 페이지로 바로 연결됩니다.

이 책의 표기 규칙

01 중국의 지명이나 건물, 관광명소의 명칭 등은 중국어 발음을 한국어로 표기하는 것을 원칙으로 했습니다. 단, 우리에게 이미 잘 알려진 장소에 한해서 익숙한 발음으로 표기했습니다.

예) 北京 베이징   长城 만리장성

02 인명은 각 나라에서 실제 사용하는 발음으로 표기했습니다.

예) 小雨 샤오위   英男 영남   保罗 폴

03 중국어의 품사는 다음과 같이 약어로 표기했습니다.

명사	명	조사	조	접속사	접
동사	동	개사	개	조동사	조동
형용사	형	부사	부	감탄사	감
대사	대	수사	수	고유명사	고유
양사	양	수량사	수량	성어	성

04 『현대한어사전(现代汉语词典_第7版)』에 기준하여 '学生'의 성조를 'xuésheng'으로, '聪明'의 성조를 'cōngmíng'으로 표기했습니다.

05 이합동사의 한어병음은 붙여서 표기했습니다.

예) 上课 shàngkè   睡觉 shuìjiào

06 1권에서는 아직 한자가 생소한 학습자들을 위해 제1과에서 제5과까지는 한어병음을 앞에, 한자를 뒤에 배열했고, 제6과부터는 한자를 앞에, 한어병음을 뒤에 배열했습니다.

중국이란 나라

- ★ **국명** 　　중화인민공화국(中华人民共和国)
- ★ **면적** 　　약 960만㎢(한반도의 약 44배)
- ★ **수도** 　　베이징(北京)
- ★ **인구** 　　약 13억 7,930만 명(2017. CIA 기준)
- ★ **민족 구성** 한족(약 92%)과 55개 소수 민족
- ★ **표준어** 　보통화(普通话)
- ★ **행정 구역** 22개의 성*, 4개의 직할시, 5개의 자치구, 2개의 특별행정구
  (*중국은 타이완을 23번째 성으로 간주한다.)

★ 직할시
● 특별행정구

중국어 기본 설명

사용 인구

약 17억 명
(세계 인구의 약 5분의 1)

사용 지역

중국, 타이완
(그 외 싱가포르, 말레이시아, 필리핀, 인도네시아 등 다 언어문화권)

언어 특징

- 중국어는 성조(음의 높낮이)가 있다.
- 중국어는 시제나 단수·복수 등에 따른 형태 변화가 없다.
- 중국어는 어순에 의해 문법적 관계가 형성된다.
- 중국어는 양사와 보어가 발달되어 있다.

어순

주어 + 술어 + 목적어
Wǒ   chī   fàn.
나는 먹는다 밥

중국어를 한어(汉语, Hànyǔ)라 부르는 이유

한족(汉族)이 사용하는 언어라는 뜻
(중국 인구의 약 92%가 한족)

 중국어 기초 지식

🔆 우리가 배우는 중국어는?

鸡同鸭讲 jītóngyājiǎng
'닭과 오리가 서로 이야기를 나누고 있다'
'서로 다른 언어로 말하고 있다'라는 뜻

1. 우리가 배우는 중국어는 표준 중국어, 즉 **보통화(普通话)**입니다.

2. 현재 중국에서 사용되는 중국어는 보통화 이외에도 각 지역 사투리인 **방언(方言)**이 있습니다.

3. 보통화와 방언은 서로 의사소통이 어려울 정도로 차이가 큽니다.

Tip Tip

우리가 배우는 중국어는 중국 국가가 제정한 **표준 중국어**입니다. 중국 각 지역의 사투리인 **방언(方言)**과는 다르죠. 중화민국(中华民国) 시기에 국어제정위원회의 심의를 거쳐 국어(国语)로 제정되었고, 현재 중화인민공화국(中华人民共和国)에서는 **보통화(普通话)**로 지칭하고 있습니다.

각 지역의 방언은 서로 대화가 통하지 않을 정도로 차이가 큽니다. 우리가 배우는 중국어로 홍콩·상하이·타이완 사람들과 대화할 수 있는 것은 그 지역 사람들 역시 표준어인 보통화를 배우기 때문입니다. 우리나라 국어에도 강원도·경상도·전라도·제주도·충청도 등 지역별 사투리가 있지만, 중국어의 방언처럼 말이 통하지 않을 정도로 차이가 크지는 않습니다.

💡 우리가 배우는 한자는?

中国语 汉字 大韩民国	中國語 漢字 大韓民國
간체자(간화자)	**번체자(정체자)**

1 중국어를 학습할 때 배우는 한자는, 현재 중국에서 사용하고 있는 간략한 형태의 한자입니다.

2 우리나라에서 사용하는 한자와 동일한 형태도 있고, 간략하게 줄여 쓴 형태도 있습니다.

3 간략한 형태의 한자는 **간체자(简体字)** 혹은 **간화자(简化字)**라고 하고, 우리나라에서 사용하는 한자는 정자(正字), 정체자(正体字) 혹은 번체자(繁体字)라고 합니다.

Tip Tip

1949년 중화인민공화국 성립 이후, 중국 정부는 **한자 간략화 작업**을 집중적으로 진행했습니다. 한자 간략화 목적은 획수가 많고 복잡한 한자를 익히기 쉽게 바꾸어 문맹률을 낮추고, 보통화 보급에 앞장서기 위함이었습니다. 1964년 중국문자개혁위원회에서 2,238개의 간체자가 수록된 **간화자총표(简化字总表)**를 공표했고, 이후 수정을 거쳐 1986년 최종 발표된 간화자총표에는 2,235자가 수록되어 있습니다. 현재 중국은 간체자를 **국가 공식 문자**로 채택하여 사용하고 있습니다. 다만, 홍콩·마카오·타이완 등에서는 여전히 번체자를 사용하고 있습니다.

 중국어 기초 지식

우리가 배우는 중국어 발음은?

1. 중국어의 발음은 **성모(声母)** · **운모(韵母)** · **성조(声调)**로 구성됩니다.
2. 중국어의 발음은 **한어병음(汉语拼音)**으로 나타냅니다.
3. 한어병음은 성모와 운모를 나타내는 '**로마자**'와 성조를 나타내는 '**성조 부호**'로 구성됩니다.
4. 성모는 한글의 초성에 해당합니다.
5. 운모는 한글의 중성, 혹은 중성과 종성이 합쳐진 부분에 해당합니다.

Tip Tip

중국어의 발음은 **로마자(알파벳)**와 **성조 부호**로 나타내는데, 이 둘을 합쳐 **한어병음**이라고 합니다. 한어병음을 로마자로 표기하기는 하나, 어디까지나 중국어의 발음을 나타내기 위해 인위적으로 만들어진 체계이기 때문에 영어식 발음과는 차이가 있습니다. 따라서 한어병음을 영어식으로 발음하면 틀린 것이 됩니다.

안녕하세요!
Nǐ hǎo!
你好!

01

- **학습 목표**
  중국어의 발음 구성을 이해한다.
  만남과 헤어짐의 인사말을 할 수 있다.

- **발음 포인트**
  성모와 운모 | 성조 | 경성 | 제3성의 성조 변화 | 不(bù)의 성조 변화

중국어의 발음

🌸 **성모** 🎧 01-01

성모는 음절의 첫 부분에 오는 자음으로, 모두 21개의 성모가 있다.

b b(o)	**p** p(o)	**m** m(o)	**쌍순음**(입술소리) 두 입술을 붙였다 떼면서 발음한다.

f f(o)	**순치음**(이입술소리) 윗니를 아랫입술에 가까이 대고 발음한다.

d d(e)	**t** t(e)	**n** n(e)	**l** l(e)	**설첨음**(혀끝소리) 혀끝을 윗잇몸의 뒷면에 붙였다 떼면서 발음한다.

g g(e)	**k** k(e)	**h** h(e)	**설근음**(혀뿌리소리) 혀뿌리를 입천장에 가까이 대고 발음한다.

j j(i)	**q** q(i)	**x** x(i)	**설면음**(헛바닥소리) 혀 앞부분을 입천장 앞쪽에 붙였다 떼거나 가까이 대고 발음한다.

zh zh(i)	**ch** ch(i)	**sh** sh(i)	**r** r(i)	**권설음**(혀끝 말아 올린 소리) 혀끝을 말아 입천장에 붙였다 떼거나 가까이 대고 발음한다.

z z(i)	**c** c(i)	**s** s(i)	**설치음**(이 뒤 혀끝소리) 혀끝을 윗니의 뒷면에 붙였다 떼거나 가까이 대고 발음한다.

운모 🎧 01-02

운모는 음절에서 성모를 제외한 나머지 부분으로, 모두 36개의 운모가 있다.

| a | ai ao an ang |

| o | ou ong |

| e | ei en eng er |

| i (yi) | ia ie iao iou ian in iang ing iong |
| | (ya) (ye) (yao) (you) (yan) (yin) (yang) (ying) (yong) |

| u (wu) | ua uo uai uei uan uen uang ueng |
| | (wa) (wo) (wai) (wei) (wan) (wen) (wang) (weng) |

| ü (yu) | üe üan ün |
| | (yue) (yuan) (yun) |

* 성모 없이 운모만 쓸 때는 ( ) 안의 발음 표기를 사용한다.
* 붉은색으로 표시된 운모는 주의해서 발음한다.

발음 설명

1 성모와 운모

중국어의 음절은 성모·운모·성조 세 가지 요소로 구성되어 있다. 음절 첫 부분의 자음을 '성모(声母)'라 하고, 나머지 부분의 모음과 자음을 '운모(韵母)'라고 한다. 자음이나 모음으로 구성된 성모·운모 이외에, 음높이의 변화로 의미를 구별하는 요소를 '성조(声调)'라고 한다. 예를 들어 'hàn'이라는 음절에서, 첫 부분의 'h'는 성모, 나머지 부분의 'an'은 운모, '`'는 성조이다.

중국어의 발음 구성

(1) 성모의 종류

앞 페이지 '✽성모'에 나열된 바와 같이, 성모를 구성하는 요소는 모두 자음이다. 어떤 음절은 'ài' 'wǒ' 'yuán' 등과 같이 첫머리에 자음이 아닌 모음으로 시작되는 경우가 있는데, 이런 음절은 성모가 없는 경우로서 영성모(零声母)라고 한다.

(2) 운모의 종류

앞 페이지 '✽운모'에 나열된 바와 같이, 운모는 모음만으로 구성된 경우(a·ei·iao·uai 등)도 있고, 모음과 자음이 결합한 경우(an·ian·üan·uang 등)도 있다.

2 성조 🎧 01-03

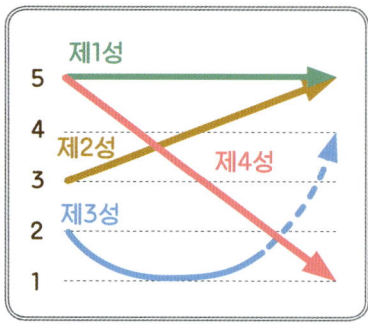

표준 중국어에는 제1성(ˉ)·제2성(ˊ)·제3성(ˇ)·제4성(ˋ) 등 4개의 기본 성조가 있고, 원래의 성조가 약화된 형태인 경성(轻声)이 있다. 중국어는 성조가 다르면 그 뜻도 달라진다.

분류	음의 높낮이	발음 방법	성조에 따른 뜻 변화
제1성	ā (→)	처음부터 끝까지 같은 음높이로 높고 평평하게 유지한다. 치과에서 선생님이 '아~하세요' 할 때의 '아-' 느낌으로.	mā (妈) 어머니
제2성	á (↗)	단번에 가장 높은음까지 끌어올린다. 어떤 일에 대해 궁금할 때 '왜?'하고 물을 때와 같은 느낌으로.	má (麻) 저리다
제3성	ǎ (↘↗)	음을 낮은 위치까지 눌렀다가 다시 살짝 끌어올린다. 무언가 깨달았을 때 머리를 끄덕이며 '아~그렇구나' 할 때의 '아-' 느낌으로.	mǎ (马) 말
제4성	à (↘)	가장 높은음에서 가장 낮은음으로 단숨에 내린다. 갑자기 누군가 몸을 꼬집을 때 나도 모르게 외치는 '아!'와 비슷한 느낌으로.	mà (骂) 욕하다

01 你好! 23

3 경성 🎧 01-04

표준 중국어에서 어떤 음절은 상황에 따라 원래의 성조 대신 짧고 가볍게 발음하는 경우가 있는데, 이것을 '경성'이라고 한다. 경성은 성조 부호를 붙이지 않으며, 앞 음절의 성조에 따라 음높이가 달라진다.

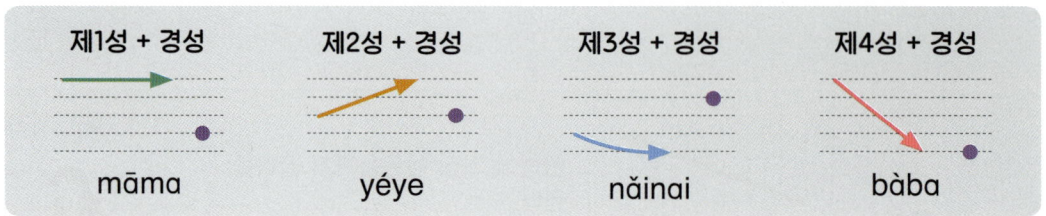

4 제3성의 성조 변화 🎧 01-05

(1) 제3성 음절이 연이어 나올 경우, 앞의 제3성은 제2성으로 발음해야 한다.

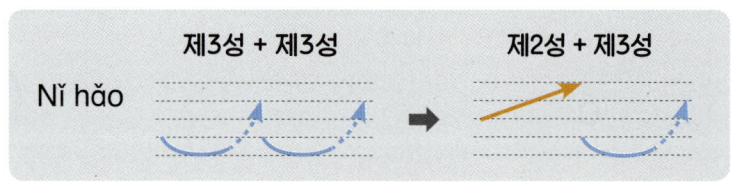

(2) 제3성자가 제1, 2, 4성 혹은 경성 앞에 쓰이면, 앞의 제3성은 '반3성(半三声)'으로 변한다. 반3성이란 음이 내려가는 제3성의 앞부분만 발음하는 것을 말한다.

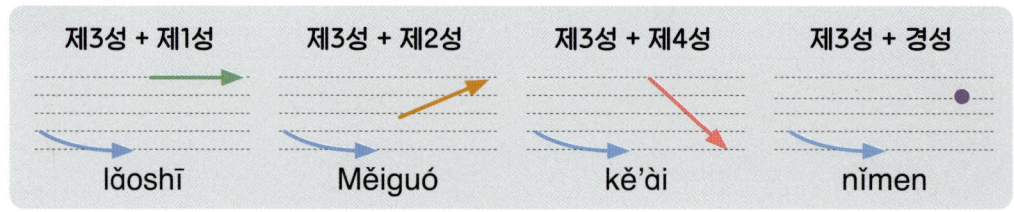

※ 제3성의 성조 변화 시, 성조 표기는 본래의 제3성 그대로 한다.

5 不(bù)의 성조 변화 🎧 01-06

제4성인 '不(bù)'가 제4성 앞, 혹은 제4성이 경성으로 변한 음절 앞에 놓이면 제2성으로 변한다.

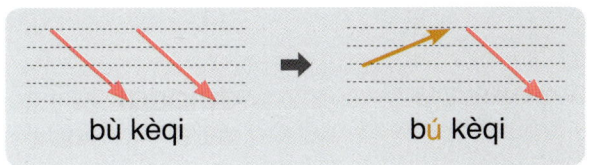

제1, 2, 3성 앞에서는 원래대로 제4성으로 발음한다.
※ 不(bù)의 성조 변화 시, 성조 표기도 바뀐 성조로 한다.

발음 연습

1 '不'의 성조에 주의하여, 다음 단어들을 큰 소리로 읽어 보세요. 🎧 01-07

bù tīng 不听   bù suān 不酸
bù xué 不学   bù tián 不甜
bù xiě 不写   bù kǔ 不苦
bú suàn 不算   bú là 不辣

bù gān bú jìng 不干不净
bù wén bú wèn 不闻不问
bù xǐ bù bēi 不喜不悲
bú jiàn bú sàn 不见不散

단어 익히기

🎧 01-08

🔊 회화 단어

nǐ hǎo 你好 안녕하세요, 안녕

nǐ 你 [대] 너, 당신

hǎo 好 [형] 좋다, 안녕하다

xièxie 谢谢 감사합니다, 고맙습니다

bú kèqi 不客气 천만에요, 별말씀을요

bù 不 [부] ~아니다 [부정(否定)을 나타냄]

kèqi 客气 [형] 예의 바르다, 공손하다

duìbuqǐ 对不起 미안합니다, 죄송합니다

méi guānxi 没关系 괜찮다, 상관없다, 문제없다

zàijiàn 再见 안녕히 계십시오, 안녕히 가십시오, 안녕

qǐng 请 [동] ~하세요 [상대에게 어떤 일을 부탁하거나 권할 때 쓰는 높임말]

jìn 进 [동] (안으로) 들다

✏️ 교체 연습 단어

nín 您 [대] 당신, 선생님 ['你'의 존칭]

nǐmen 你们 [대] 너희들, 당신들

lǎoshī 老师 [명] 선생님

zuò 坐 [동] 앉다

tīng 听 [동] 듣다

shuō 说 [동] 말하다

dú 读 [동] 읽다

xiě 写 [동] 글씨를 쓰다

회화 배우기

1 안녕하세요! 🎧 01-09

- **A** Nǐ hǎo!❶
  你好!

- **B** Nǐ hǎo!
  你好!

[교체 연습]

nín❷	nǐmen	lǎoshī
您	你们	老师

신공략 포인트

❶ **Nǐ hǎo!** 안녕하세요!
일상적인 인사말이다. 시간, 장소, 신분과 상관없이 사용할 수 있다. 상대방도 일반적으로 'Nǐ hǎo!'라고 대답한다.

❷ **nín** 당신, 선생님, 귀하
'nín'은 'nǐ'의 존칭이다.

2 감사합니다! 🎧 01-10

A Xièxie!
谢谢!

B Bú kèqi.
不客气。

3 미안합니다! 🎧 01-11

A Duìbuqǐ!
对不起!

B Méi guānxi.
没关系。

❹ 안녕히 가세요! 🎧 01-12

A Zàijiàn!
재견!

B Zàijiàn!
재견!

❺ 들어오세요! 🎧 01-13

Qǐng jìn!
请进!

교체 연습

zuò	tīng	shuō	dú	xiě
坐	听	说	读	写

📝 읽고, 듣고, 쓰고, 반복해서 외우세요.

1 그림을 보고 대화를 완성해 보세요.

❶

A Nǐ hǎo! 你好!

B _____!

❷

A _____!

B Bú kèqi. 不客气。

❸

A Duìbuqǐ! 对不起!

B _____!

❹

A _____!

B Nǐ hǎo! 你好!

❺

A, B　Lǎoshī hǎo! 老师好!

lǎoshī _____!

❻

A, B _____!

lǎoshī Zàijiàn! 再见!

❼  ❽

A _____!

B Xièxie! 谢谢!

A _____!

B Xièxie! 谢谢!

2 그림이 나타내는 동사를 써 보세요.

❶  ❷

_____ _____

❸  ❹

_____ _____

잘 지내세요?

Nǐ hǎo ma?
你好吗?

02

- **학습 목표**
  발음을 듣고 따라 할 수 있다.
  안부를 묻고 답할 수 있다.

- **발음 포인트**
  성모(1) | 운모(1) | 성모와 운모의 결합(1) | 성조 부호 표기법 | 격음 부호

 중국어의 발음

❋ 성모(1) 🎧 02-01

b	p	m	f
d	t	n	l

❋ 운모(1) 🎧 02-02

a	o	e	i	u	ü	er

❋ 성모와 운모의 결합(1) 🎧 02-03

	a	o	e	i	u	ü
b	ba	bo		bi	bu	
p	pa	po		pi	pu	
m	ma	mo	me	mi	mu	
f	fa	fo			fu	
d	da		de	di	du	
t	ta		te	ti	tu	
n	na		ne	ni	nu	nü
l	la		le	li	lu	lü

발음 설명

1 성조 부호 표기법

(1) 하나의 음절에 모음이 하나일 경우, 성조 부호는 그 모음 위에 표기한다. 예) mā

(2) 하나의 음절에 모음이 두 개 이상일 경우, 성조 부호는 **주요 모음**(소리가 강하고 큰 모음) 위에 표기한다. 예) hǎo, zuò, jiàn

- ❶ a가 있으면 무조건 a 위에 표기
- ❷ a가 없으면 o나 e 위에 표기(o와 e가 함께 나오지 않음)
- ❸ a, o, e가 모두 없으면 i나 u 위에 표기

(3) i와 u가 나란히 올 경우, 성조 부호는 뒤에 있는 모음에 표기한다. 예) liú, guǐ

(4) i 위에 성조 부호를 표기할 때는 i 위의 작은 점은 생략하고 성조를 표기한다.
예) mì, jǐng

2 격음 부호

a, o, e로 시작하는 음절이 다른 음절의 뒤에 올 경우, 음절 사이의 경계를 명확하게 구분하기 위해 격음 부호「'」를 사용한다. 예) Tiān'ānmén(天安门)

3 er화(儿化)

권설운모 'er'이 다른 운모와 결합하여 er화 운모를 형성하는 현상을 'er화(儿化)'라고 한다. er화 운모는 단일 음절로서, 표기할 때는 원래의 운모 끝에 '-r'을 덧붙인다.
예) wánr(玩儿), huār(花儿)

발음 연습

1 성모의 차이에 유의하여 각 음절을 발음해 보세요. 🎧 02-04

① bā ——— pā ② dè ——— tè ③ nǐ ——— lǐ
④ mó ——— fó ⑤ bù ——— pù ⑥ má ——— fá
⑦ nǔ ——— lǔ ⑧ dú ——— tú ⑨ bǐ ——— pǐ

2 운모의 차이에 유의하여 각 음절을 발음해 보세요. 🎧 02-05

① mō ——— mē ② bǎ ——— bǒ ③ fó ——— fá
④ pì ——— pù ⑤ tà ——— tè ⑥ lǐ ——— lǚ
⑦ dà ——— dì ⑧ mǒ ——— mǔ ⑨ nǔ ——— nǚ

3 성조의 차이에 유의하여 각 음절을 발음해 보세요. 🎧 02-06

① bǐ ——— bì ② mō ——— mò ③ pà ——— pā
④ tǔ ——— tū ⑤ nù ——— nǔ ⑥ lū ——— lù
⑦ dé ——— dè ⑧ fū ——— fú

4 녹음을 듣고 빈칸을 채워 보세요. 🎧 02-07

① _____ ā   ② _____ ǔ   ③ _____ ù
④ _____ ó   ⑤ _____ ì   ⑥ _____ é
⑦ _____ ǐ _____ ì   ⑧ _____ ī _____ ò   ⑨ _____ ú _____ ù
⑩ _____ ǔ _____ ì   ⑪ _____ è _____ ì   ⑫ _____ ǔ _____ ì
⑬ n _____   ⑭ f _____   ⑮ p _____
⑯ l _____   ⑰ d _____   ⑱ m _____
⑲ p _____ b _____ ⑳ d _____ g _____ ㉑ t _____ y _____
㉒ n _____ p _____ ㉓ d _____ y _____ ㉔ b _____ l _____

5 발음에 유의하여 읽어 보세요. 🎧 02-08

제1성 + 제1성	fāyīn 发音	fēijī 飞机
제1성 + 제2성	huānyíng 欢迎	bāngmáng 帮忙
제1성 + 제3성	gāngbǐ 钢笔	hēibǎn 黑板
제1성 + 제4성	gāoxìng 高兴	shēngdiào 声调
제1성 + 경성	māma 妈妈	shāngliang 商量

6 'er화[儿化]'음에 유의하여 읽어 보세요. 🎧 02-09

wánr 玩儿   huār 花儿
fànguǎnr 饭馆儿   kāiménr 开门儿
bīnggùnr 冰棍儿   xiǎosháor 小勺儿
yìdiǎnr 一点儿   huājuǎnr 花卷儿

단어 익히기

🎧 02-10

🔵 회화 단어

ma 吗 조 [문장 끝에 쓰여 의문의 어기를 나타냄]		māma 妈妈 명 엄마, 어머니	
wǒ 我 대 나, 저		dōu 都 부 모두, 다	
hěn 很 부 매우, 아주		tāmen 他们 대 그들	
ne 呢 조 [문장 끝에 쓰여 의문의 어기를 나타냄]		máng 忙 형 바쁘다	
yě 也 부 ~도, 또한			
bàba 爸爸 명 아빠, 아버지			

🟢 교체 연습 단어

gēge 哥哥 명 형, 오빠		dìdi 弟弟 명 남동생	
tā 他 대 그, 그 사람		mèimei 妹妹 명 여동생	
jiějie 姐姐 명 누나, 언니		lèi 累 형 피곤하다, 지치다	
tā 她 대 그녀, 그 여자		è 饿 형 배고프다	
àiren 爱人 명 남편 또는 아내		kě 渴 형 목마르다, 갈증 나다	

① 나는 잘 지냅니다. 🎧 02-11

A Nǐ hǎo ma?❶
你好吗?

B Wǒ hěn hǎo. Nǐ ne?❷
我很好。你呢?

A Wǒ yě hěn hǎo.
我也很好。

B Nǐ bàba、māma dōu hǎo ma?
你爸爸、妈妈都好吗?

A Tāmen yě dōu hěn hǎo.❸
他们也都很好。

(교체 연습)

nǐ gēge	tā
你哥哥	他
nǐ jiějie	tā
你姐姐	她
nǐ àiren	tā
你爱人	他
nǐ àiren	tā
你爱人	她

(교체 연습)

dìdi、mèimei
弟弟、妹妹

신공략 포인트

❶ **Nǐ hǎo ma?** 잘 지내세요?
서로 잘 알고 있는 사이에 안부를 물을 때 사용하는 인사말이다. 일반적으로 'Wǒ hěn hǎo(잘 지내요).'라고 대답한다.

❷ **Nǐ ne?** 너는?/당신은요?
'······ne?'는 앞의 화제를 이어 받아서 같은 내용을 질문할 때 사용한다.
예 Tā ne?(그 사람은?), Lǎoshī ne?(선생님은?), Fēijī ne?(비행기는?)

❸ **Tāmen yě dōu hěn hǎo.** 그들도 모두 잘 지냅니다.
부사 'yě'와 'dōu'는 주어의 뒤, 동사나 형용사의 앞에만 올 수 있다. 'yě'와 'dōu'가 동일한 동사나 형용사를 수식할 때는 'yě'가 'dōu'의 앞에 온다.

2 당신은 바쁩니까? 🎧 02-12

A Nǐ máng ma?
你忙吗?

B Wǒ bù máng.
我不忙。

교체 연습

lèi	è	kě
累	饿	渴

1 그림을 보고 [보기]와 같이 대화를 완성해 보세요.

보기

A Nǐ hǎo ma?
你好吗?

B Wǒ hěn hǎo. Nǐ ne?
我很好。你呢?

A Wǒ yě hěn hǎo.
我也很好。

❶

A _____ ?

B Wǒ hěn máng. 我很忙。

_____ ?

A _____ 。

❷

A Nǐ lèi ma? 你累吗?

B _____ 。

_____ ?

A Wǒ hěn lèi. 我很累。

❸

A Nǐ kě ma? 你渴吗?

B Wǒ bù kě. 我不渴。

_____ 。

A Wǒ yě hěn è. 我也很饿。

뭐 먹을래요?
Nǐ chī shénme?
你吃什么?

03

● **학습 목표**
한어병음을 보고 읽을 수 있다.
사물의 명칭을 표현할 수 있다.

● **발음 포인트**
성모(2) | 운모(2) | 성모와 운모의 결합(2)

중국어의 발음

❉ **성모(2)** 🎧 03-01

| g | k | h |

❉ **운모(2)** 🎧 03-02

| ai | ei | ao | ou | an | en | ang | eng | ong |

❉ **성모와 운모의 결합(2)** 🎧 03-03

	a	o	e	i	u	ü
g	ga		ge		gu	
k	ka		ke		ku	
h	ha		he		hu	

	ai	ei	ao	ou	an	en	ang	eng	ong
b	bai	bei	bao		ban	ben	bang	beng	
p	pai	pei	pao	pou	pan	pen	pang	peng	
m	mai	mei	mao	mou	man	men	mang	meng	
f		fei		fou	fan	fen	fang	feng	
d	dai	dei	dao	dou	dan		dang	deng	dong
t	tai		tao	tou	tan		tang	teng	tong
n	nai	nei	nao	nou	nan	nen	nang	neng	nong
l	lai	lei	lao	lou	lan		lang	leng	long
g	gai	gei	gao	gou	gan	gen	gang	geng	gong
k	kai	kei	kao	kou	kan	ken	kang	keng	kong
h	hai	hei	hao	hou	han	hen	hang	heng	hong

발음 연습

1 성모의 차이에 유의하여 각 음절을 발음해 보세요. 🎧 03-04

① gāi ——— kāi   ② hē ——— gē

③ gān ——— hān   ④ kōng ——— gōng

⑤ hǎo ——— kǎo   ⑥ kěn ——— hěn

⑦ tóugǎo ——— tóukǎo   ⑧ mǐgāng ——— mǐkāng

⑨ hūhǎn ——— kūhǎn   ⑩ hòuwèi ——— gòuwèi

2 운모의 차이에 유의하여 각 음절을 발음해 보세요. 🎧 03-05

① kěn ——— kǎn   ② gān ——— gāng

③ hòu ——— hòng   ④ hèn ——— hèng

⑤ gěng ——— gǒng   ⑥ kǎo ——— kǒu

⑦ mùpén ——— mùpéng   ⑧ kāifàn ——— kāifàng

⑨ gòule ——— gàole   ⑩ bǎibù ——— běibù

3 성조의 차이에 유의하여 각 음절을 발음해 보세요. 🎧 03-06

① fèn ——— fēn   ② máo ——— mǎo

③ lèi ——— lěi   ④ bāng ——— bǎng

⑤ gēn ——— gěn   ⑥ hèng ——— héng

⑦ hòufāng ——— hòufáng   ⑧ kāifāng ——— kāifàng

⑨ bānnòng ——— bànnóng   ⑩ wǔdǎo ——— wǔdào

4 녹음을 듣고 빈칸을 채워 보세요. 🎧 03-07

① _____ ǎ   ② _____ ěn   ③ _____ ēi
④ _____ àn   ⑤ _____ āng   ⑥ _____ èng
⑦ ___ ù ___ è   ⑧ ___ án ___ ài   ⑨ ___ òng ___ ào
⑩ ___ āng ___ ǎi   ⑪ ___ áng ___ ǎi   ⑫ ___ ōng ___ uì
⑬ m _____   ⑭ p _____   ⑮ t _____
⑯ l _____   ⑰ p _____   ⑱ d _____
⑲ n ___ h ___   ⑳ b ___ b ___   ㉑ t ___ d ___
㉒ b ___ n ___   ㉓ m ___ k ___   ㉔ d ___ p ___

5 발음에 유의하여 읽어 보세요. 🎧 03-08

제2성 + 제1성	fángjiān 房间	míngtiān 明天
제2성 + 제2성	tóngxué 同学	yínháng 银行
제2성 + 제3성	méiyǒu 没有	píjiǔ 啤酒
제2성 + 제4성	yóupiào 邮票	dédào 得到
제2성 + 경성	biéde 别的	tóufa 头发

단어 익히기 🎧 03-09

🗨 회화 단어

- chī 吃 [동] 먹다
- shénme 什么 [대] 무엇, 무슨, 어떤
- jiǎozi 饺子 [명] 만두, 쟈오즈
- hē 喝 [동] 마시다
- píjiǔ 啤酒 [명] 맥주
- mǎi 买 [동] 사다
- cídiǎn 词典 [명] 사전

✏ 교체 연습 단어

- mǐfàn 米饭 [명] 쌀밥
- miàntiáo 面条 [명] 국수
- miànbāo 面包 [명] 빵
- bāozi 包子 [명] (소가 든) 찐빵, 빠오즈
- chá 茶 [명] 차
- kāfēi 咖啡 [명] 커피
- kuàngquánshuǐ 矿泉水 [명] 생수, 광천수
- niúnǎi 牛奶 [명] 우유
- běnzi 本子 [명] 공책, 노트
- shū 书 [명] 책
- bǐ 笔 [명] 펜, 필기도구
- shūbāo 书包 [명] 책가방

▶ 고유명사

- Kěkǒu-kělè 可口可乐 [고유] 코카콜라

회화 배우기

1 뭐 먹을래요? 🎧 03-10

A Nǐ chī shénme? ❶
你吃什么?

B Wǒ chī jiǎozi.
我吃饺子。

교체 연습
mǐfàn	miàntiáo
米饭	面条
miànbāo	bāozi
面包	包子

2 뭐 마실래요? 🎧 03-11

A Nǐ hē shénme?
你喝什么?

B Wǒ hē píjiǔ.
我喝啤酒。

교체 연습
Kěkǒu-kělè	chá	kāfēi
可口可乐	茶	咖啡
kuàngquánshuǐ		niúnǎi
矿泉水		牛奶

신공략 포인트

❶ **Nǐ chī shénme?** 뭐 먹을래요?
직역하면 '(당신은) 뭐 먹어요?'이지만, 문맥상 상대에게 '무엇을 먹을 것인지'를 묻는 것으로 해석해야 적절하다. 모든 언어가 그렇듯, 회화 문장은 대화의 맥락을 파악하여 해석해야 한다.

❸ 뭐 살래요? 🎧 03-12

A Nǐ mǎi shénme?
你买什么？

B Wǒ mǎi cídiǎn.
我买词典。

(교체 연습)

běnzi　shū
本子　　书

bǐ　shūbāo
笔　　书包

내공 쌓기

1 그림을 보고 상황에 맞게 대화를 만들어 보세요.

❶

A Nǐ chī shénme?
你吃什么?

B _____。

❷

A Nǐmen mǎi shénme?
你们买什么?

B _____。

C _____。

2 사진을 보고 각 사물의 명칭을 중국어로 써 보세요.

❶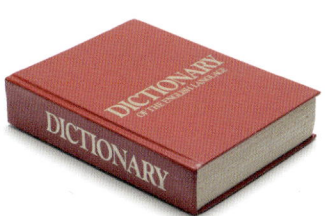

_____

❷

_____

❸

_____

❹

_____

⑤

_____

⑥

_____

⑦

_____

⑧

_____

⑨

_____

⑩

_____

⑪

_____

⑫

_____

⑬

_____

⑭

_____

얼마예요?
Duōshao qián?
多少钱?

04

- **학습 목표**
  성조를 정확히 발음할 수 있다.
  가격을 묻고 답할 수 있다.

- **발음 포인트**
  성모(3) | 운모(3) | 성모와 운모의 결합(3) | 한어병음 표기법

중국어의 발음

❀ 성모(3) 🎧 04-01

| j | q | x |

❀ 운모(3) 🎧 04-02

| ia | ie | iao | iou(iu) | ian | in | iang | ing | iong |
| üe | üan | ün |

❀ 성모와 운모의 결합(3) 🎧 04-03

	ia	ie	iao	iou(iu)	ian	in	iang	ing	iong	üe	üan	ün
b		bie	biao		bian	bin		bing				
p		pie	piao		pian	pin		ping				
m		mie	miao	miu	mian	min		ming				
f												
d		die	diao	diu	dian			ding				
t		tie	tiao		tian			ting				
n		nie	niao	niu	nian	nin	niang	ning		nüe		
l	lia	lie	liao	liu	lian	lin	liang	ling		lüe		
j	jia	jie	jiao	jiu	jian	jin	jiang	jing	jiong	jue	juan	jun
q	qia	qie	qiao	qiu	qian	qin	qiang	qing	qiong	que	quan	qun
x	xia	xie	xiao	xiu	xian	xin	xiang	xing	xiong	xue	xuan	xun

발음 설명

1 ü의 표기법

ü가 단독으로 음절을 구성하거나 ü로 시작하는 음절인 경우, ü 앞에 y를 붙이고 ü 위의 두 점은 생략한다. 예) ü → yu　üan → yuan　üe → yue　ün → yun

2 i의 표기법

i가 단독으로 음절을 구성하는 경우 i 앞에 y를 붙이고, i로 시작하는 음절인 경우 i를 y로 바꾼다.
예) i → yi　ian → yan

3 iou의 표기법

(1) iou가 성모와 결합할 경우, 가운데 모음 o를 생략하고 iu로 쓴다. 성조 표시는 뒤의 u 위에 한다. 예) jiǔ(九, 아홉)

(2) iou가 성모 없이 단독으로 음절을 구성하는 경우에는 you로 쓰고, 성조 표시는 o 위에 한다.
예) yōu(优, 우수하다)

4 j, q, x와 ü의 표기법

j, q, x가 ü나 ü로 시작하는 운모와 결합할 경우, ü 위의 두 점은 생략한다.
예) jù(句, 문장), xué(学, 배우다)

발음 연습

1 성모의 차이에 유의하여 각 음절을 발음해 보세요. 🎧 04-04

① jiā ——— qiā   ② qiǔ ——— jiǔ
③ xué ——— qué   ④ jìng ——— xìng
⑤ qióng ——— xióng ⑥ xuān ——— juān
⑦ Běijīng ——— bēiqíng ⑧ xiángxì ——— xiāngjì
⑨ xiūxué ——— qiúxué ⑩ qiànquē ——— xiánquē

2 운모의 차이에 유의하여 각 음절을 발음해 보세요. 🎧 04-05

① quán ——— qián   ② xiě ——— xuě
③ jiào ——— jiù   ④ xīn ——— xīng
⑤ jiǎn ——— jiǎng ⑥ qūn ——— qīn
⑦ yàopiàn ——— yòupiàn ⑧ xiānhuā ——— xiānghuā
⑨ rénmín ——— rénmíng ⑩ tōngxìn ——— tōngxùn

3 성조의 차이에 유의하여 각 음절을 발음해 보세요. 🎧 04-06

① qiè ——— qiě   ② jīng ——— jǐng
③ juě ——— juè   ④ xū ——— xǔ
⑤ jùn ——— jūn   ⑥ jiā ——— jiá
⑦ xīqū ——— xīqǔ   ⑧ qiánxiàn ——— qiǎnxiǎn
⑨ tōngxíng ——— tóngxíng ⑩ jiǎnmiǎn ——— jiànmiàn

4 녹음을 듣고 빈칸을 채워 보세요. 🎧 04-07

① _____ ǔ　　　② _____ uān　　　③ _____ ín

④ _____ iǎo　　　⑤ _____ iē　　　⑥ _____ iáng

⑦ _____ iān _____ ián　　⑧ _____ iǎo _____ ìng　　⑨ _____ īng _____ iàng

⑩ _____ iā _____ ǐn　　⑪ _____ iě _____ ǐng　　⑫ _____ uán _____ ūn

⑬ j_____　　　⑭ x_____　　　⑮ j_____

⑯ x_____　　　⑰ q_____　　　⑱ x_____

⑲ q_____ x_____　　⑳ y_____ x_____　　㉑ j_____ j_____

㉒ q_____ q_____　　㉓ j_____ q_____　　㉔ q_____ x_____

5 발음에 유의하여 읽어 보세요. 🎧 04-08

① 제3성+제1, 2, 4성, 경성 → 반3성+제1, 2, 4성, 경성

제3성 + 제1성	Běijīng 北京	jiǎndān 简单
제3성 + 제2성	lǔxíng 旅行	Měiguó 美国
제3성 + 제4성	kěpà 可怕	wǎnfàn 晚饭
제3성 + 경성	xǐhuan 喜欢	běnzi 本子

② 제3성+제3성 → 제2성+제3성

제3성 + 제3성	yǔfǎ 语法	fǔdǎo 辅导

단어 익히기

🎧 04-09

🔊 회화 단어

- **yào** 要 [조동] ~할 것이다 [동] 원하다
- **huàn** 换 [동] 교환하다, 바꾸다
- **qián** 钱 [명] 돈, 화폐
- **duōshao** 多少 [대] 얼마, 몇
- **yī** 一 [수] 하나, 1
- **bǎi** 百 [수] 백, 100
- **měiyuán** 美元 [명] 미국 달러(dollar)
- **liǎng** 两 [수] 둘, 2
- **bēi** 杯 [양] 잔, 컵
- **wǔ** 五 [수] 다섯, 5
- **shí** 十 [수] 열, 10
- **kuài(yuán)** 块(元) [양] 위안 [중국의 화폐 단위]

✏️ 교체 연습 단어

- **èr** 二 [수] 둘, 2
- **sān** 三 [수] 셋, 3
- **sì** 四 [수] 넷, 4
- **gè** 个 [양] 개, 명 [양사로 쓰일 때는 경성으로 발음함]
- **liù** 六 [수] 여섯, 6
- **máo(jiǎo)** 毛(角) [양] 마오, 지아오 [화폐 단위, 1毛(角)는 1块(元)의 10분의 1]
- **fēn** 分 [양] 펀 [화폐 단위, 1分은 1毛(角)의 10분의 1]
- **píng** 瓶 [양][명] 병
- **qī** 七 [수] 일곱, 7
- **bā** 八 [수] 여덟, 8
- **běn** 本 [양] 권 [책을 세는 단위]
- **jiǔ** 九 [수] 아홉, 9

 회화 배우기

1 환전을 하려고 합니다. 🎧 04-10

A Wǒ yào huàn qián.
我要换钱。

B Huàn duōshao?
换多少？

A Huàn yìbǎi měiyuán.
换一百美元。

교체 연습

| èr | sān | sì | wǔ |
| 二 | 三 | 四 | 五 |

04 多少钱? 61

2 얼마입니까? 🎧 04-11

A Liǎng bēi kāfēi❶ duōshao qián?
两杯咖啡多少钱?

B Wǔshí kuài.
五十块。

교체 연습

yí ge běnzi	sì kuài liù máo wǔ (fēn)
一个本子	四块六毛五(分)
sān píng píjiǔ	shíqī kuài èr
三瓶啤酒	十七块二
yí ge miànbāo	bā kuài
一个面包	八块
liǎng běn cídiǎn	jiǔshí kuài
两本词典	九十块

신공략 포인트

❶ **liǎng bēi kāfēi** 커피 두 잔
'èr'과 'liǎng'은 둘 다 숫자 '2'를 나타낸다. 양사 앞(또는 양사를 필요로 하지 않는 명사 앞)에서는 일반적으로 'liǎng'을 쓰고 'èr'은 쓰지 않는다.

내공 쌓기

1 중국어로 숫자 1부터 100까지 세어 보세요.

2 중국 화폐를 보고 금액을 중국어로 말해 보세요.

3 그림을 보고 보기와 같이 교체 연습을 해 보세요.

(1)

보기

A Nǐ mǎi shénme?
你买什么?

B Wǒ mǎi yì píng kuàngquánshuǐ.
我买一瓶矿泉水。

❶

píng 瓶

❷

bēi 杯

❸ ge 个

❹ běn 本

(2) 보기

A <u>Yì píng kuàngquánshuǐ duōshao qián?</u>
一瓶矿泉水多少钱?

B <u>Liǎng kuài.</u>
两块。

2块

❶ 13.5块

❷ 15块 20块

❸ 120块

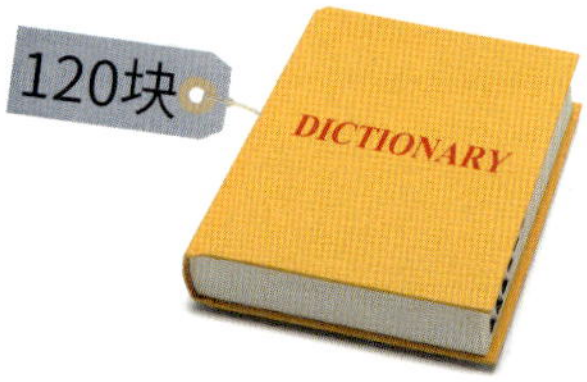

❹ 240块

4 주어진 단어로 대화를 완성해 보세요.

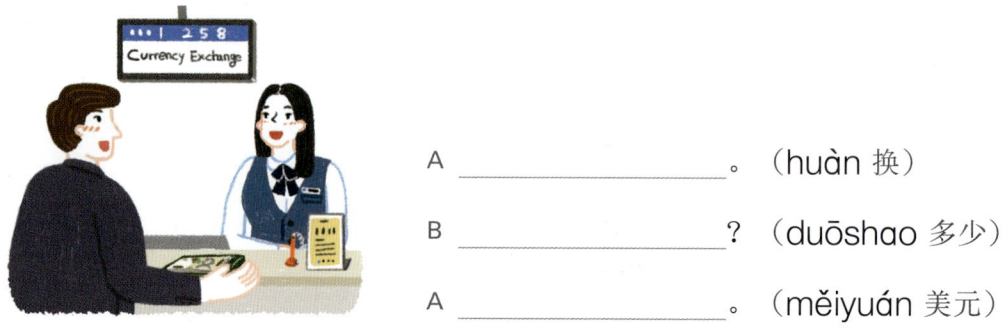

A _____。(huàn 换)

B _____? (duōshao 多少)

A _____。(měiyuán 美元)

중국 명승지와 명언

사람이 태어나서 장자제에 가 보지 않았다면,
100세가 되어도 어찌 늙었다 할 수 있겠는가?

人生不到张家界，百岁何能称老翁。
Rénshēng bú dào Zhāngjiājiè, bǎi suì hénéng chēng lǎowēng.

도서관은
어디에 있나요?

Túshūguǎn zài nǎr?
图书馆在哪儿?

05

- **학습 목표**
  한어병음을 쓰고 읽을 수 있다.
  장소를 묻고 답할 수 있다.

- **발음 포인트**
  성모⑷ | 운모⑷ | 성모와 운모의 결합⑷ | 一(yī)의 성조 변화

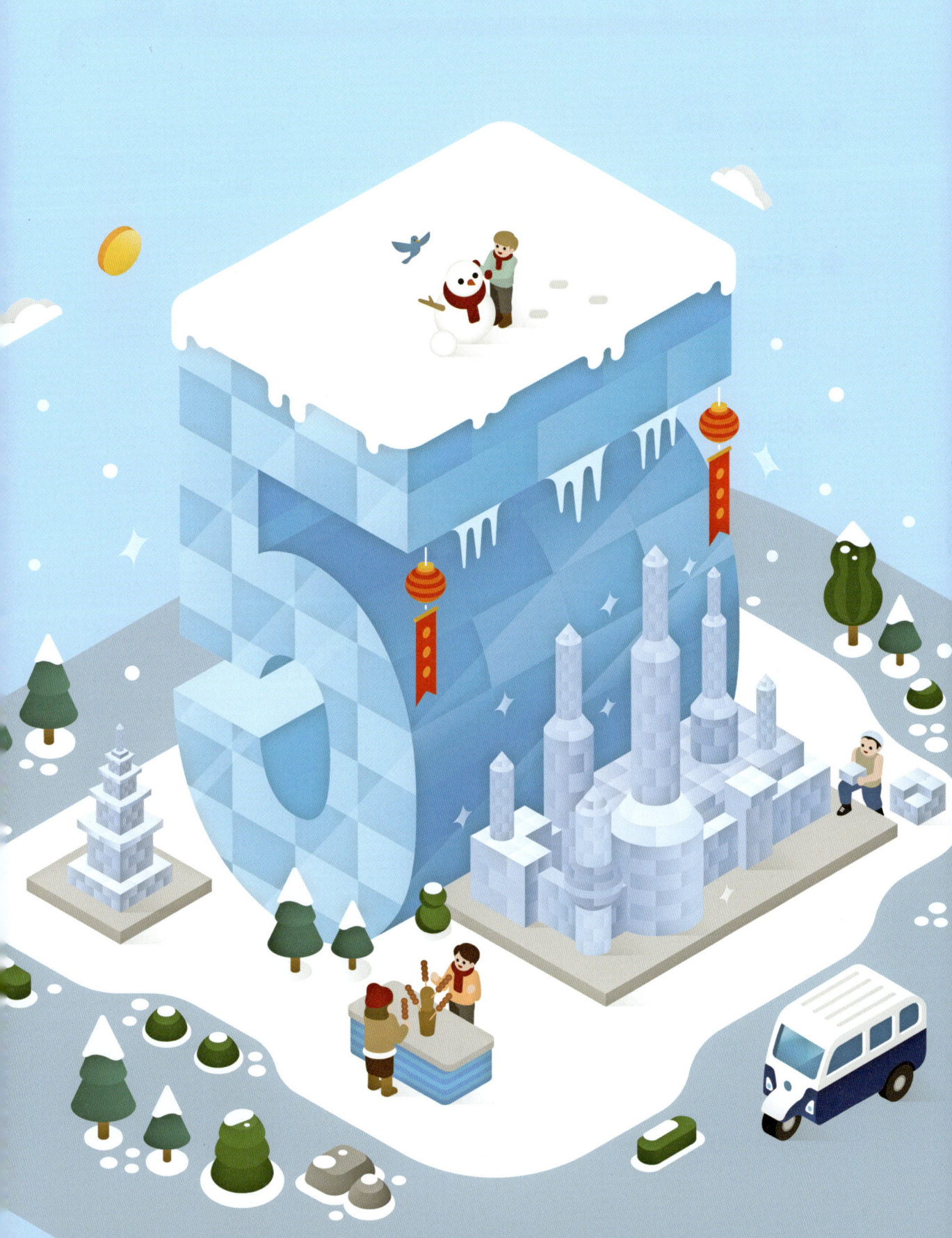

성모(4) 🎧 05-01

| z | c | s | zh | ch | sh | r |

운모(4) 🎧 05-02

| ua | uo | uai | uei(ui) | uan | uen(un) | uang | ueng |

성모와 운모의 결합(4) 🎧 05-03

	ua	uo	uai	uei(ui)	uan	uen(un)	uang	ueng
d		duo		dui	duan	dun		
t		tuo		tui	tuan	tun		
n		nuo			nuan			
l		luo			luan	lun		
g	gua	guo	guai	gui	guan	gun	guang	
k	kua	kuo	kuai	kui	kuan	kun	kuang	
h	hua	huo	huai	hui	huan	hun	huang	
z		zuo		zui	zuan	zun		
c		cuo		cui	cuan	cun		
s		suo		sui	suan	sun		
zh	zhua	zhuo	zhuai	zhui	zhuan	zhun	zhuang	
ch	chua	chuo	chuai	chui	chuan	chun	chuang	
sh	shua	shuo	shuai	shui	shuan	shun	shuang	
r	rua	ruo		rui	ruan	run		

발음 설명

1 u의 표기법

u가 단독으로 음절을 이루는 경우 u 앞에 w를 붙이고, u로 시작하는 음절인 경우 u를 w로 바꿔 쓴다. 예 u → wu   uan → wan

2 uei, uen의 표기법

uei, uen이 성모와 결합할 경우, 가운데 모음 e는 생략하고 ui, un으로 쓴다.
예 huí(回), zhǔn(准)

3 一(yī)의 성조 변화

(1) '一'가 단음절이거나 서수사로 쓰일 경우, 원래의 성조인 제1성으로 발음한다.
　　예 yī(一), dì yī(第一)

(2) '一'가 제4성이나 제4성이 변하여 경성이 된 음절 앞에 올 경우, 제2성으로 발음한다.
　　예 yí kuài(一块), yí ge(一个)

(3) '一'가 제1, 2, 3성 앞에 올 경우, 제4성으로 발음한다.
　　예 yì fēn(一分), yì píng(一瓶), yì běn(一本)

발음 연습

1 성모의 차이에 유의하여 각 음절을 발음해 보세요. 🎧 05-04

① zū ———— sū　　　② suī ———— cuī

③ cún ———— chún　　④ shuò ———— ruò

⑤ zhuān ———— zuān　⑥ chù ———— zhù

⑦ chāoqī ———— zhāoxī　⑧ suōxiǎo ———— cuō jiǎo

⑨ qiúchǎng ———— qiúzhǎng　⑩ jiēchù ———— jiéshù

⑪ zǔlì ———— zhǔlì　⑫ mùcái ———— mùchái

⑬ sāngyè ———— shāngyè　⑭ chá cuò ———— cházuò

2 운모의 차이에 유의하여 각 음절을 발음해 보세요. 🎧 05-05

① sū ——— suō
② wěn ——— wěng
③ zhuǎn ——— zhuǎng
④ chuāi ——— chuī
⑤ shuā ——— shuāi
⑥ zuān ——— zūn
⑦ chuán shang ——— chuáng shang
⑧ zhūzi ——— zhuìzi
⑨ shuāi jiāo ——— shuìjiào
⑩ zhuāzhù ——— zhuōzhù

3 성조의 차이에 유의하여 각 음절을 발음해 보세요. 🎧 05-06

① suān ——— suàn
② cuò ——— cuō
③ rǔ ——— rú
④ shuāng ——— shuǎng
⑤ zhū ——— zhù
⑥ ruì ——— ruǐ
⑦ zhěngjié ——— zhēngjié
⑧ chuǎn qì ——— chuánqí
⑨ xīnsuān ——— xīnsuàn
⑩ sīxiǎng ——— sī xiāng

4 녹음을 듣고 빈칸을 채워 보세요. 🎧 05-07

A.

① _____uā
② _____ū
③ _____uī
④ _____uò
⑤ _____ī
⑥ _____uāng
⑦ _____ū _____ù
⑧ _____uó _____ù
⑨ _____uán _____uō
⑩ _____uī _____uí
⑪ _____uò _____ǔ
⑫ _____ù _____uǒ
⑬ c_____
⑭ z_____
⑮ zh_____
⑯ sh_____
⑰ zh_____
⑱ ch_____
⑲ r_____ r_____
⑳ sh_____ zh_____
㉑ s_____ sh_____
㉒ zh_____ zh_____
㉓ ch_____ zh_____
㉔ z_____ ch_____

B.

① ___ūn ___uāng ② ___í ___iē ③ ___ián ___éng

④ ___ū ___í ⑤ ___īn ___ǎng ⑥ ___í ___íng

⑦ ___uǒ ___ìng ⑧ ___iàn ___uǒ ⑨ ___iū ___è

⑩ ___è ___iàng ⑪ ___ì ___ùn ⑫ ___ào ___èi

5 발음에 유의하여 읽어 보세요. 🎧 05-08

제4성 + 제1성	qìchē 汽车	dàjiā 大家
제4성 + 제2성	liànxí 练习	wèntí 问题
제4성 + 제3성	Hànyǔ 汉语	bàozhǐ 报纸
제4성 + 제4성	zàijiàn 再见	zhùyì 注意
제4성 + 경성	mèimei 妹妹	jìngzi 镜子

6 '一'의 성조 변화에 유의하여 읽어 보세요. 🎧 05-09

yí zhì tōng guò 一致通过   yí rì qiān lǐ 一日千里

yì tiān dào wǎn 一天到晚   yì zhī bàn jiě 一知半解

yì yán wéi dìng 一言为定   yì wǎng wú qián 一往无前

yì xīn yí yì 一心一意   dà nián chū yī 大年初一

단어 익히기

🎧 05-10

🔖 회화 단어

qǐngwèn 请问 말씀 좀 여쭙겠습니다
túshūguǎn 图书馆 [명] 도서관
zài 在 [동] ~에 있다 [개] ~에(서)
nǎr 哪儿 [대] 어디, 어느 곳
jiù 就 [부] 곧, 바로, 즉시

nàr 那儿 [대] 저기, 거기, 저곳, 그곳
yóujú 邮局 [명] 우체국
zhīdào 知道 [동] 알다, 이해하다
qù 去 [동] 가다, 떠나다

✏️ 교체 연습 단어

shítáng 食堂 [명] (기관, 단체 내의) 구내식당
liúxuéshēng 留学生 [명] 유학생
sùshè 宿舍 [명] 기숙사
bàngōngshì 办公室 [명] 사무실
hào 号 [명] 번호, 호(수) [양] 번, 차례

lóu 楼 [명] 건물
yínháng 银行 [명] 은행
yīyuàn 医院 [명] 병원
shāngdiàn 商店 [명] 상점, 판매점
shūdiàn 书店 [명] 서점

▶️ 고유명사

Tiān'ānmén 天安门 [고유] 톈안먼
Gùgōng 故宫 [고유] 고궁

Yíhéyuán 颐和园 [고유] 이허위안
Chángchéng 长城 [고유] 만리장성

회화 배우기

1 도서관은 어디에 있습니까? 🎧 05-11

A Qǐngwèn,❶ túshūguǎn zài nǎr?
请问，图书馆在哪儿？

B Jiù zài nàr.
就在那儿。

교체 연습

shítáng　　liúxuéshēng sùshè
食堂　　　　留学生宿舍

bàngōngshì　qī hào lóu
办公室　　　七号楼

신공략 포인트

❶ **qǐngwèn** 말씀 좀 여쭙겠습니다
'qǐngwèn'은 다른 사람에게 질문할 때 쓰는 공손한 표현으로, 질문 내용을 말하기 전에 써야 한다.

2 잘 모르겠습니다. 🎧 05-12

A Qǐngwèn, yóujú zài nǎr?
请问，邮局在哪儿？

B Duìbuqǐ, wǒ bù zhīdào.
对不起，我不知道。

(교체 연습)
yínháng	yīyuàn
银行	医院
shāngdiàn	shūdiàn
商店	书店

3 어디 가세요? 🎧 05-13

A Nǐ qù nǎr?
你去哪儿？

B Wǒ qù Tiān'ānmén.
我去天安门。

(교체 연습)
Gùgōng	Yíhéyuán	Chángchéng
故宫	颐和园	长城

1 그림을 보고 대화를 완성해 보세요.

❶

A Qǐngwèn, _____?
  请问，

B _____。

❷

A Qǐngwèn, bā hào lóu zài nǎr?
  请问，八号楼在哪儿?

B Duìbuqǐ, _____。
  对不起，

❸

A Nǐ qù nǎr? 你去哪儿?

B _____。

❹

A _____?

B Wǒ qù yóujú. 我去邮局。

❺

A Tāmen qù nǎr?
  他们去哪儿?

B _____。

❻

A _____?

B Wǒ qù Yíhéyuán.
  我去颐和园。

2 사진이 나타내는 장소를 중국어로 말해 보세요.

❶

❷

_____   _____

❸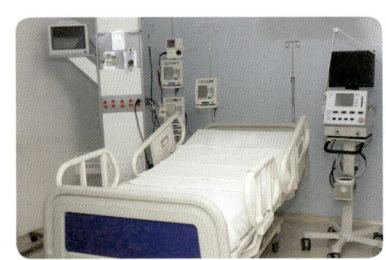

❹

_____   _____

❺

❻

_____   _____

❼

❽

_____   _____

⑨

_____

⑩

_____

⑪

_____

⑫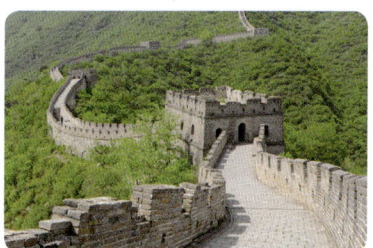

_____

복습 1
01~05

- 1~5과에서 배웠던 주요 단어, 표현, 발음 내용을 복습해 보세요.

주요 단어

01
- nǐ hǎo 你好 안녕하세요, 안녕
- nǐ 你 너, 당신
- xièxie 谢谢 감사합니다, 고맙습니다
- bú kèqi 不客气 천만에요, 별말씀을요
- bù 不 ~아니다
- duìbuqǐ 对不起 미안합니다, 죄송합니다
- méi guānxi 没关系 괜찮다, 상관없다, 문제없다
- zàijiàn 再见 안녕히 계십시오, 안녕히 가십시오, 안녕

02
- ma 吗 의문 어기조사
- wǒ 我 나, 저
- hěn 很 매우, 아주
- ne 呢 의문 어기조사
- yě 也 ~도, 또한
- dōu 都 모두, 다
- máng 忙 바쁘다
- lèi 累 피곤하다, 지치다

03
- chī 吃 먹다
- shénme 什么 무엇, 무슨, 어떤
- hē 喝 마시다
- mǎi 买 사다
- mǐfàn 米饭 쌀밥
- miànbāo 面包 빵
- chá 茶 차
- shū 书 책

04
- yào 要 ~할 것이다, 원하다
- huàn 换 교환하다, 바꾸다
- qián 钱 돈, 화폐
- kuài(yuán) 块(元) 위안 [화폐 단위]
- máo(jiǎo) 毛(角) 마오, 지아오 [화폐 단위]
- liǎng 两 둘, 2
- duōshao 多少 얼마, 몇
- gè 个 개, 명 [양사]

05
- qǐngwèn 请问 말씀 좀 여쭙겠습니다
- túshūguǎn 图书馆 도서관
- zài 在 ~에 있다, ~에(서)
- nǎr 哪儿 어디, 어느 곳
- jiù 就 곧, 바로, 즉시
- nàr 那儿 저기, 거기, 저곳, 그곳
- zhīdào 知道 알다, 이해하다
- qù 去 가다, 떠나다

핵심 표현

01
- 안녕하세요!
  Nǐ hǎo!
  你好!

- 감사합니다!
  Xièxie!
  谢谢!

- 안녕히 가세요!(안녕히 계세요!)
  Zàijiàn!
  再见!

02
- 잘 지내세요?
  Nǐ hǎo ma?
  你好吗?

- 저는 잘 지냅니다. 당신은요?
  Wǒ hěn hǎo. Nǐ ne?
  我很好。你呢?

- 나는 바쁘지 않습니다.
  Wǒ bù máng.
  我不忙。

03
- 뭐 먹을래요?(뭐 먹어요?)
  Nǐ chī shénme?
  你吃什么?

- 뭐 마실래요?(뭐 마셔요?)
  Nǐ hē shénme?
  你喝什么?

- 뭐 살래요?(뭐 사요?)
  Nǐ mǎi shénme?
  你买什么?

04
- 나는 환전을 하려고 합니다.
  Wǒ yào huàn qián.
  我要换钱。

- 커피 두 잔에 얼마입니까?
  Liǎng bēi kāfēi duōshao qián?
  两杯咖啡多少钱?

- 50위안입니다.
  Wǔshí kuài.
  五十块。

05
- 말씀 좀 여쭙겠습니다. 도서관이 어디에 있습니까?
  Qǐngwèn, túshūguǎn zài nǎr?
  请问，图书馆在哪儿?

- 당신은 어디에 갑니까?
  Nǐ qù nǎr?
  你去哪儿?

- 나는 톈안먼에 갑니다.
  Wǒ qù Tiān'ānmén.
  我去天安门。

1 한어병음

중국어의 발음은 한어병음(汉语拼音)으로 나타낸다. 한어병음은 성모·운모·성조로 구성된다.

2 성모

(1) 음절 첫 부분의 자음을 '성모'라고 한다.

(2) 성모를 구성하는 요소는 모두 자음이다. 단, 'ài' 'wǒ' 'yuán' 등과 같이 첫머리가 자음이 아닌 모음으로 시작되는 경우가 있는데, 이런 음절은 성모가 없는 영성모(零声母)이다.

3 운모

(1) 성모를 제외한 나머지 부분의 모음과 자음을 '운모'라고 한다.

(2) 운모는 'a' 'ei' 'iao' 같이 모음만으로 구성된 경우도 있고, 'an' 'ian' 'iang' 'ing' 'üan' 같이 모음과 자음이 결합된 경우도 있다.

4 성조

(1) 성모와 운모 이외에, 음높이의 변화로 의미를 구별하는 요소를 '성조'라고 한다.

(2) 제1성·제2성·제3성·제4성 4개의 기본 성조가 있다. 중국어는 성조가 다르면 그 뜻도 달라진다.

5 경성

어떤 음절은 상황에 따라 원래의 성조 대신 짧고 가볍게 발음하는 경우가 있는데, 이것을 '경성'이라고 한다. 경성은 성조 부호를 붙이지 않는다.

6 성조 부호 표기법

(1) 하나의 음절에 모음이 하나일 경우, 그 모음 위에 표기한다.

(2) 모음이 두 개 이상이면, 성조 부호는 주요 모음 위에 표기한다. 주요 모음 순서는 다음과 같다.

7 제3성의 성조 변화

(1) 제3성+제3성 ⇒ 제2성+제3성(성조 표기는 원래의 제3성으로 한다.)

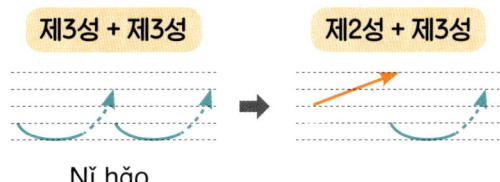

(2) 제3성+제1, 2, 4성, 경성 ⇒ 반3성+제1, 2, 4성, 경성(성조 표기는 원래의 제3성으로 한다.)

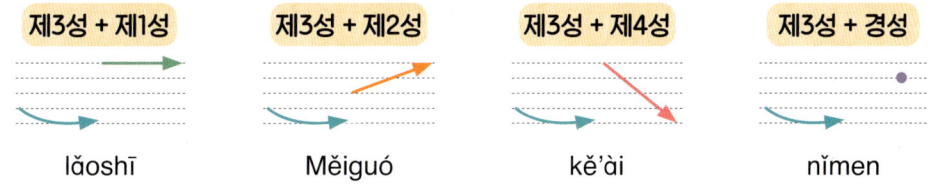

8 不(bù)의 성조 변화

(1) '不(bù)'는 제4성 앞, 혹은 제4성이 변한 경성 앞에서 제2성으로 변한다. 성조 변화 시, 표기도 바뀐 성조로 표기한다.

(2) 제1, 2, 3성 앞에서는 원래대로 제4성으로 발음한다.

Tīngting 듣기

1 녹음을 듣고 알맞은 발음을 골라 보세요. 🎧 fuxi 01

(1) ☐ dú ☐ tú   (2) ☐ quán ☐ qián
(3) ☐ xuān ☐ juān   (4) ☐ nǚ ☐ nǔ

2 녹음을 듣고 알맞은 사진을 골라 보세요. 🎧 fuxi 02

(1)  (2)

☐　　　　　　　　　　　☐

3 녹음을 듣고 질문에 답해 보세요. 🎧 fuxi 03

(1) 커피 두 잔은 얼마입니까?

_____

(2) 우유 한 잔은 얼마입니까?

_____

(3) 사전 한 권은 얼마입니까?

_____

Dúdu 읽기

1 발음에 유의하여 단어를 읽어 보세요.
(1) Běijīng (2) kāfēi (3) xǐhuan (4) duōshao
(5) lǎoshī (6) zàijiàn (7) méiyǒu (8) kuàngquánshuǐ

2 발음에 유의하여 숫자를 읽어 보세요.
(1) liǎngbǎi liù 两百六
(2) wǔshíjiǔ 五十九
(3) èrshísì 二十四
(4) sānbǎi sānshísān 三百三十三

3 다음 대화를 읽고 질문에 답해 보세요.

> **A** Qǐngwèn, túshūguǎn zài nǎr?
>   请问，图书馆在哪儿?
>
> **B** Duìbuqǐ, wǒ bù zhīdào.
>   对不起，我不知道。

(1) A와 B의 대화 상황으로 알맞은 것은?
① 사과   ② 감사   ③ 길 묻기   ④ 물건 사기

(2) 위 대화 내용으로 알 수 있는 것은?
① 도서관이 매우 가깝다.
② A와 B는 학교 친구이다.
③ B는 도서관에 가려고 한다.
④ B는 도서관이 어디 있는지 모른다.

Shuōshuo 말하기

1 친구와 만나서 인사하고, 안부를 묻고, 헤어지는 상황까지 말해 보세요.

_____

_____

_____

> 활용단어 hǎo 好 | shēntǐ 身体 | ma 吗 | ne 呢 | yě 也 | tāmen 他们 | dōu 都 |
> máng 忙 | zàijiàn 再见

2 짝과 함께 행선지를 묻고 대답해 보세요.

> A Nǐ(Tā) qù nǎr?
>
> B Wǒ(Tā) qù _____.

> 활용단어 xuéxiào 学校 | yīyuàn 医院 | yínháng 银行 | shítáng 食堂 | sùshè 宿舍

3 짝과 함께 물건의 가격을 묻고 대답해 보세요.

> A _____ duōshao qián?
>
> B _____.

> 활용단어 gè 个 | běn 本 | jīn 斤 | píng 瓶 | bǎi 百 | shí 十 | kuài 块 | máo 毛

Xièxie 쓰기

1 빈칸을 채워 대화를 완성해 보세요.

(1) A Xièxie! 谢谢!

　　B ＿＿＿＿＿＿＿＿＿＿!

(2) A Duìbuqǐ! 对不起!

　　B ＿＿＿＿＿＿＿＿＿＿!

2 단어 카드를 조합해 문장을 완성해 보세요.

(1) | zài | qǐngwèn | nǎr | yóujú |

_____

(2) | qián | liǎng | běnzi | duōshao | běn |

_____

3 주어진 단어의 뜻을 써 보세요.

(1) chī 吃　　(2) dōu 都　　(3) yào 要　　(4) zhīdào 知道

_____　　_____　　_____　　_____

제가 소개 좀 할게요.

我来介绍一下儿。
Wǒ lái jièshào yíxiàr.

06

- **학습 목표**
  자신과 가족을 다른 사람에게 소개할 수 있다.
  사람이나 사물을 묘사할 수 있다.

- **어법 포인트**
  중국어의 일반적인 어순 | 是자문 | 관형어와 구조조사 的 | 형용사술어문

단어 익히기

🎧 06-01

🔊 회화 단어

认识 rènshi 〔동〕 알다, 인식하다
高兴 gāoxìng 〔형〕 기쁘다, 즐겁다
来 lái 〔동〕 어떤 동작을 하다
介绍 jièshào 〔동〕 소개하다
一下儿 yíxiàr 〔수량〕 좀/한번/잠시 ~해 보다
是 shì 〔동〕 ~이다
学习 xuéxí 〔동〕 공부하다, 학습하다
汉语 Hànyǔ 〔명〕 중국어
班 bān 〔명〕 반, 조
的 de 〔조〕 ~의
学生 xuésheng 〔명〕 학생
这 zhè 〔대〕 이, 이것
我们 wǒmen 〔대〕 우리(들)
那 nà 〔대〕 그, 저, 그것, 저것
朋友 péngyou 〔명〕 친구
和 hé 〔접/개〕 ~와(과)
人 rén 〔명〕 사람
教室 jiàoshì 〔명〕 교실
大 dà 〔형〕 크다, 넓다
新 xīn 〔형〕 새롭다
同学 tóngxué 〔명〕 학우, 학교 친구, 동창
厚 hòu 〔형〕 두껍다, 두텁다
漂亮 piàoliang 〔형〕 예쁘다, 아름답다
极了 jí le [형용사 뒤에서 뜻을 강조함]
女儿 nǚ'ér 〔명〕 딸
聪明 cōngmíng 〔형〕 똑똑하다, 총명하다

可爱 kě'ài 〔형〕 사랑스럽다, 귀엽다
看 kàn 〔동〕 보다
帅 shuài 〔형〕 잘생기다, 멋지다

✏️ 어법 단어

小 xiǎo 〔형〕 작다 〔접두〕 어리다 [나이 어린 사람의 성이나 이름 앞에 붙여 친근함을 나타냄]

🔎 고유명사

保罗 Bǎoluó 〔고유〕 폴(Paul) [인명]
德国 Déguó 〔고유〕 독일
西蒙 Xīméng 〔고유〕 사이먼(Simon) [인명]
李英男 Lǐ Yīngnán 〔고유〕 이영남 [인명]
法国 Fǎguó 〔고유〕 프랑스
韩国 Hánguó 〔고유〕 한국

❶ 만나서 반갑습니다. 🎧 06-02

폴 你们好，认识你们很高兴。我来介绍一下儿，❶
Nǐmen hǎo, rènshi nǐmen hěn gāoxìng. Wǒ lái jièshào yíxiàr,

我是德国留学生保罗，我学习汉语。我是A班的
wǒ shì Déguó liúxuéshēng Bǎoluó, wǒ xuéxí Hànyǔ. Wǒ shì A bān de

学生。这是我们的老师。那是我朋友西蒙和李
xuéshēng. Zhè shì wǒmen de lǎoshī. Nà shì wǒ péngyou Xīméng hé Lǐ

英男，他们也是留学生。他们都不是德国人，
Yīngnán, tāmen yě shì liúxuéshēng. Tāmen dōu bú shì Déguó rén,

西蒙是法国人，李英男是韩国人。
Xīméng shì Fǎguó rén, Lǐ Yīngnán shì Hánguó rén.

❷ 우리 교실은 크지 않습니다. 🎧 06-03

폴 这是我们的教室。我们的教室不大。这是我的
Zhè shì wǒmen de jiàoshì. Wǒmen de jiàoshì bú dà. Zhè shì wǒ de

汉语书。我的书很新。那不是我的词典，那是我
Hànyǔ shū. Wǒ de shū hěn xīn. Nà bú shì wǒ de cídiǎn, nà shì wǒ

同学的词典。他的词典很厚。
tóngxué de cídiǎn. Tā de cídiǎn hěn hòu.

❸ 그녀는 매우 똑똑합니다. 🎧 06-04

苗 这是我爸爸。这是我妈妈。这是我爱人，她漂亮
Zhè shì wǒ bàba. Zhè shì wǒ māma. Zhè shì wǒ àiren, tā piàoliang

极了。这是我们的女儿，她很聪明，也很可爱。
jí le. Zhè shì wǒmen de nǚ'ér, tā hěn cōngmíng, yě hěn kě'ài.

你们看，这是我，很帅。
Nǐmen kàn, zhè shì wǒ, hěn shuài.

신공략 포인트

❶ **我来介绍一下儿。** 제가 소개 좀 할게요.
다른 사람에게 소개할 때 자주 쓰는 표현이다. 여기서 '来'는 '오다'라는 뜻으로 쓰인 것이 아니라, 다른 동사 앞에 쓰여 어떤 일을 하려고 하는 적극성과 주체성의 어감을 나타낸다.

1 중국어의 일반적인 어순

중국어 문장은 일반적으로 주어 부분과 술어 부분으로 나눌 수 있다. 주어는 앞에, 술어는 뒤에 위치한다. 주어의 주요 성분은 일반적으로 명사나 대사이고, 술어의 주요 성분은 일반적으로 동사나 형용사이다.

주어 (명사/대사)　　술어 (동사/형용사)

保罗是留学生。 폴은 유학생이다.
Bǎoluó shì liúxuéshēng.

我学习汉语。 나는 중국어를 배운다.
Wǒ xuéxí Hànyǔ.

她很漂亮。 그녀는 아름답다.
Tā hěn piàoliang.

위 예문에서 '保罗 Bǎoluó' '我 wǒ' '她 tā'는 주어이고, '是 shì' '学习 xuéxí' '漂亮 piàoliang'은 술어의 주요 성분이다. 첫 번째, 두 번째 예문의 '留学生 liúxuéshēng'과 '汉语 Hànyǔ'는 목적어이다. 세 번째 예문의 '很 hěn'은 부사어로 쓰여 형용사 술어인 '漂亮 piàoliang'을 수식한다.

문제로 확인

- 주어진 단어를 조합하여 완전한 문장으로 만들어 보세요.

　❶ 这　　笔　　是　　→ _____

　❷ 书　　新　　很　　→ _____

　❸ 韩国人　他　　是　　→ _____

❷ '是'자문

'是 shì'가 술어로 쓰인 문장을 '是'자문이라고 한다. 동사 '是' 뒤에 오는 목적어는 주어를 설명하는 역할을 한다. '是'자문의 부정형은 '是' 앞에 부정부사 '不 bù'를 붙인다.

주어	술어	목적어
	是/不是	[주어를 설명]

我是留学生。　나는 유학생이다.
Wǒ shì liúxuéshēng.

这是词典。　이것은 사전이다.
Zhè shì cídiǎn.

他不是留学生。　그는 유학생이 아니다.
Tā bú shì liúxuéshēng.

那不是词典。　그것은 사전이 아니다.
Nà bú shì cídiǎn.

문제로 확인

- 그림을 보고, 빈칸에 '是'나 '不是'를 채워 보세요.

❶

她_____留学生，_____老师。

❷

这_____啤酒，_____矿泉水。

❸

这_____词典，_____汉语书。

3 관형어와 구조조사 '的'

관형어는 주로 명사를 수식한다. 수식을 받는 성분을 '중심어(中心语)'라고 하며, 명사·대사·형용사·수량사 등이 관형어가 될 수 있다. 관형어는 중심어의 앞에 와야 한다.

관형어 + 的 + 중심어
(명사/대사/형용사/수량사)

法国学生 프랑스 학생
Fǎguó xuéshēng

汉语书 중국어책
Hànyǔ shū

新同学 새 학우
xīn tóngxué

两杯咖啡 커피 두 잔
liǎng bēi kāfēi

대사·명사가 관형어로 쓰여 소유 관계를 나타낼 경우, 관형어 뒤에 구조조사 '的 de'를 붙여야 한다.

我的书 내 책
Wǒ de shū

保罗的词典 폴의 사전
Bǎoluó de cídiǎn

대사가 수식하는 중심어가 가족이나 친구 또는 소속 단체일 경우에는 '的'를 쓰지 않아도 된다.

我爸爸 우리 아빠
Wǒ bàba

我朋友 내 친구
Wǒ péngyou

我们班 우리 반
Wǒmen bān

명사로 된 관형어가 중심어의 성질을 설명하는 경우에도 일반적으로 '的'를 쓰지 않는다.

英语书 영어책
Yīngyǔ shū

德国人 독일인
Déguó rén

문제로 확인

- 그림을 보고 '的'의 용법에 주의하여 관형어를 써 보세요.

❶ 这是_____书。

❷ 这不是_____教室。

4 형용사술어문

술어의 주요 성분이 형용사인 문장을 '형용사술어문'이라고 한다. 형용사술어문에는 술어 부분에 동사 '是 shì'를 쓰지 않는다.

她很**聪明**。 그녀는 똑똑하다.
Tā hěn cōngmíng.

我的书很**新**。 내 책은 새것이다.
Wǒ de shū hěn xīn.

긍정문에서 단순 형용사술어 앞에는 부사 '很 hěn'이 자주 쓰인다. 이때의 '很'은 정도를 나타내는 의미가 이미 약화하여 강조의 의미가 거의 없다. 만약 단독으로 형용사를 술어로 사용하는 경우에는 비교나 조건의 의미를 나타내며, 일반적으로 대조·대비를 나타내는 문장에 쓰인다.

我们班的教室**大**，他们班的教室**小**。 우리 반 교실은 크고, 그들 반 교실은 작다.
Wǒmen bān de jiàoshì dà, tāmen bān de jiàoshì xiǎo.

형용사술어문의 부정형은 형용사 앞에 부정부사 '不 bù'를 붙인다.

我们的教室**不大**。 우리 교실은 크지 않다.
Wǒmen de jiàoshì bú dà.

她**不漂亮**。 그녀는 예쁘지 않다.
Tā bú piàoliang.

문제로 확인

- 앞에서 배운 형용사를 이용해 그림의 사람과 사물을 묘사해 보세요.

_____   _____   _____

1 지금까지 배운 문장 형식을 이용하여 소개나 묘사를 해 보세요.

(1) 자기소개를 하거나 주위의 사람 또는 사물을 소개해 보세요.

_____

_____

_____

(2) 사진을 보고 묘사해 보세요.

2 녹음을 듣고 알맞은 그림을 찾은 후, 녹음 내용을 따라 읽어 보세요. 🎧 06-05

06 我来介绍一下儿。 97

건강은 괜찮으신가요?

你身体好吗?
Nǐ shēntǐ hǎo ma?

07

- **학습 목표**
  일상생활에 대해 묻고 답할 수 있다.
  소유를 나타내는 표현을 할 수 있다.

- **어법 포인트**
  주술술어문 | 의문문(1) | 정반의문문 | 有자문

단어 익히기

🎧 07-01

📖 회화 단어

最近 zuìjìn 명 최근, 요즈음
身体 shēntǐ 명 몸, 신체, 건강
比较 bǐjiào 부 비교적
成绩 chéngjì 명 성적
马马虎虎 mǎmǎhūhū 형 그저 그렇다, 그저 그만하다
努力 nǔlì 형 열심히 하다 동 노력하다, 힘쓰다
非常 fēicháng 부 대단히, 매우
太 tài 부 너무, 몹시
里 li 명 안, 속
有 yǒu 동 있다, 가지고 있다
没(有) méi(yǒu) 동 없다 부 ~않다 [과거의 경험, 사실 등을 부정함]
空调 kōngtiáo 명 에어컨
同屋 tóngwū 명 룸메이트
离 lí 개 ~에서, ~로부터, ~까지
远 yuǎn 형 멀다
近 jìn 형 가깝다
学校 xuéxiào 명 학교
多 duō 형 많다
挺 tǐng 부 꽤, 매우, 상당히
怎么样 zěnmeyàng 대 어떻다, 어떠하다
不错 búcuò 형 좋다, 괜찮다

✏️ 어법 단어

头发 tóufa 명 머리카락
长 cháng 형 길다
眼睛 yǎnjing 명 눈
个子 gèzi 명 키
高 gāo 형 (높이, 등급, 수준 등이) 높다
电视 diànshì 명 텔레비전, TV

▶ 고유명사

中国 Zhōngguó 고유 중국
莉莉 Lìli 고유 릴리(Lily) [인명]

회화 배우기

1 공부하느라 바쁩니까? 07-02

중국 친구: 最近你身体好吗?
Zuìjìn nǐ shēntǐ hǎo ma?

사이먼: 我身体很好。
Wǒ shēntǐ hěn hǎo.

중국 친구: 你学习忙吗?
Nǐ xuéxí máng ma?

사이먼: 我学习比较忙。
Wǒ xuéxí bǐjiào máng.

중국 친구: 你成绩好吗?
Nǐ chéngjì hǎo ma?

사이먼: 马马虎虎。
Mǎmǎhūhū.

중국 친구: 你们班同学学习努力吗?
Nǐmen bān tóngxué xuéxí nǔlì ma?

사이먼: 他们学习非常努力。
Tāmen xuéxí fēicháng nǔlì.

❷ 기숙사는 교실에서 가깝습니다. 🎧 07-03

중국 친구 你的宿舍大不大?
Nǐ de sùshè dà bu dà?

사이먼 我的宿舍不太大。
Wǒ de sùshè bú tài dà.

중국 친구 宿舍里有没有空调?
Sùshè li yǒu méiyǒu kōngtiáo?

사이먼 宿舍里有空调。
Sùshè li yǒu kōngtiáo.

중국 친구 你有没有同屋?
Nǐ yǒu méiyǒu tóngwū?

사이먼 我没有同屋。
Wǒ méiyǒu tóngwū.

중국 친구 你的宿舍离教室远不远?
Nǐ de sùshè lí jiàoshì yuǎn bu yuǎn?

사이먼 我的宿舍离教室很近。
Wǒ de sùshè lí jiàoshì hěn jìn.

③ 유학생이 아주 많습니다. 🎧 07-04

중국 친구 你们学校留学生多不多?
Nǐmen xuéxiào liúxuéshēng duō bu duō?

사이먼 我们学校留学生挺多的。❶
Wǒmen xuéxiào liúxuéshēng tǐng duō de.

중국 친구 你们学校食堂怎么样? ❷
Nǐmen xuéxiào shítáng zěnmeyàng?

사이먼 我们学校食堂不错。
Wǒmen xuéxiào shítáng búcuò.

신공략 포인트

❶ **我们学校留学生挺多的。** 우리 학교는 유학생이 아주 많습니다.
'挺……的' 혹은 '挺……'는 '很……(매우/아주 ~이다)'의 의미에 해당한다.

❷ **你们学校食堂怎么样?** 당신들 학교 식당은 어떻습니까?
'怎么样(어떻다)'은 의문대사로, 상황이나 타인의 의견·견해 등을 물을 때 사용한다.

1 주술술어문

술어 부분이 주술구조로 이루어진 문장을 '주술술어문'이라고 한다. 부정형은 일반적으로 주술구조의 술어 앞에 '不 bù' 등의 부정부사를 붙여 만든다.

> 주어   술어(주술구)
>
> [주어+술어] / [주어+不+술어]

我身体很好。 나는 몸이 건강하다.
Wǒ shēntǐ hěn hǎo.

他学习不太努力。 그는 공부를 그다지 열심히 하지 않는다.
Tā xuéxí bú tài nǔlì.

我们学校留学生挺多的。 우리 학교에는 유학생이 아주 많다.
Wǒmen xuéxiào liúxuéshēng tǐng duō de.

※ '我身体很好'와 '我的身体很好'는 의미가 거의 같지만, 일반적으로 전자가 후자보다 더 많이 쓰인다.

문제로 확인

• 그림을 보고 질문에 답하거나, 주어진 단어로 문장을 완성해 보세요.

❶

A 保罗身体怎么样?

B _____。

A 保罗成绩怎么样?

B _____。

❷

莉莉_____。
（头发，长）

莉莉_____。
（眼睛，大）

莉莉_____。
（个子，高）

104

❸ 我们的教室＿＿＿＿。　　　❹ 我们的食堂＿＿＿＿。

2 의문문(1)

의문문은 서술문 끝에 어기조사 '吗 ma'를 붙이면 된다.

你们是留学生吗? 당신들은 유학생입니까?
Nǐmen shì liúxuéshēng ma?

你学习努力吗? 당신은 열심히 공부합니까?
Nǐ xuéxí nǔlì ma?

她漂亮吗? 그녀는 아름답습니까?
Tā piàoliang ma?

3 정반의문문

정반의문문은 의문문의 형식 중 하나이다. 술어의 주요 성분(동사/형용사)의 긍정형과 부정형을 나열하면 정반의문문이 된다. 정반의문문은 '吗 ma'를 사용한 일반의문문과 형식상의 차이는 있지만 의미는 같다.

你的宿舍大不大? 당신의 기숙사는 넓습니까? (=你的宿舍大吗?)
Nǐ de sùshè dà bu dà?

你去不去教室? 당신은 교실에 갑니까? (=你去教室吗?)
Nǐ qù bu qù jiàoshì?

他学习努力不努力? 그는 열심히 공부합니까? (=他学习努力吗?)
Tā xuéxí nǔlì bu nǔlì?

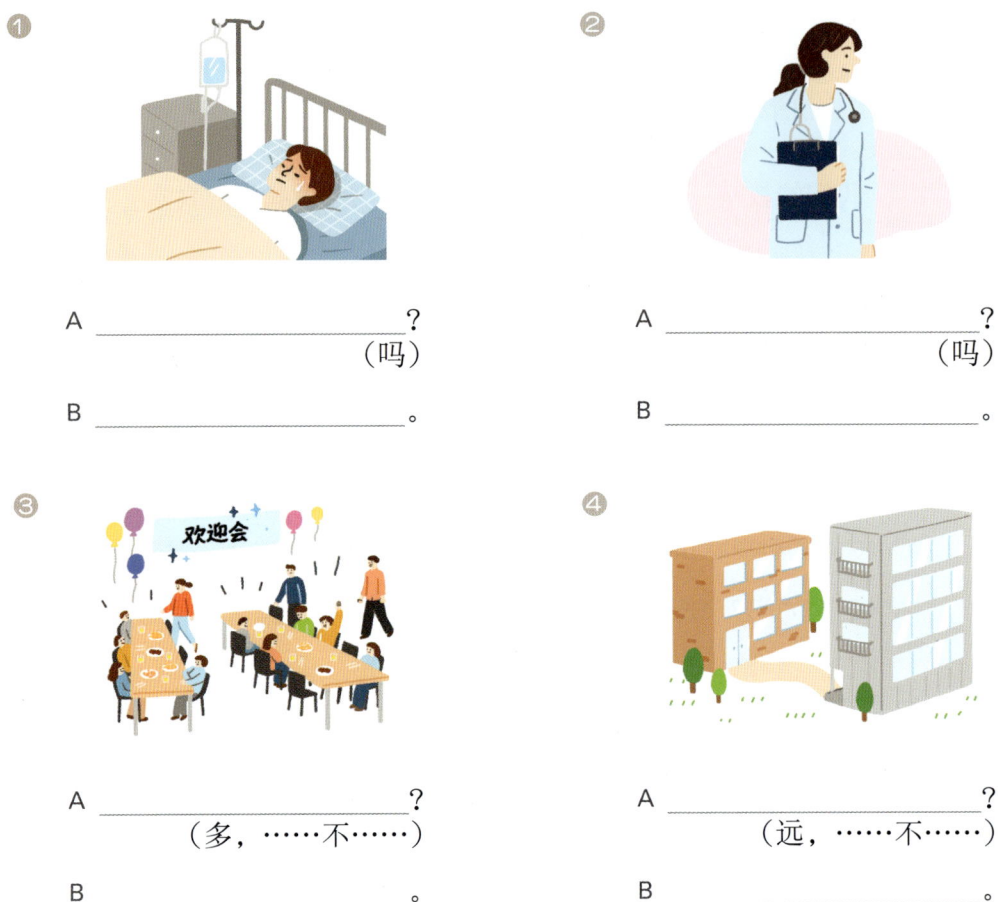

④ '有'자문

동사 '有 yǒu'가 술어의 주요 성분으로 사용된 문장은 일반적으로 소유를 나타낸다. 부정형은 '不 bù'가 아니라 '没 méi'를 붙인다. 정반의문문 형식은 '……有没有 yǒu méiyǒu……'이다.

我们学校有很多留学生。 우리 학교에는 유학생이 많이 있다.
Wǒmen xuéxiào yǒu hěn duō liúxuéshēng.

我没有同屋。 나는 룸메이트가 없다.
Wǒ méiyǒu tóngwū.

宿舍里有没有空调? 기숙사에는 에어컨이 있습니까?
Sùshè li yǒu méiyǒu kōngtiáo?

문제로 확인

- 그림을 보고 교체 연습을 해 보세요.

❶

❷

A 宿舍里有电视吗?
B 有。

A 莉莉有姐姐吗?
B 没有。

 읽고, 듣고, 쓰고, 반복해서 외우세요.

1. 친구를 만나서 서로의 건강이나 학습, 생활 등의 안부를 묻는 상황을 대화로 만들어 보세요.

2. 주어진 부사와 형용사를 사용해 어떤 사람이나 장소에 대해 묘사해 보세요.

부사	형용사
非常 很 挺……的 比较 不太 极了	大　　聪明 小　　漂亮 远　　帅 近　　高 多　　马马虎虎 好　　不错

3. 녹음을 듣고 질문에 답한 후, 녹음 내용을 따라 읽어 보세요. 🎧 07-05

● 질문 谁是保罗?

중국 명승지와 명언

하늘에는 천당이 있고
땅에는 쑤저우와 항저우가 있다.

上有天堂，下有苏杭。
Shàng yǒu tiāntáng, xià yǒu SūHáng.

당신은 어느 나라 사람이에요?

你是哪国人?
Nǐ shì nǎ guó rén?

08

- **학습 목표**
  국적과 이름을 묻고 답할 수 있다.
  의문문의 여러 형식을 이해할 수 있다.

- **어법 포인트**
  의문문(2) | 개사구조 | 几와 多少 | 수량사가 관형어로 쓰이는 경우

단어 익히기

🎧 08-01

🔊 회화 단어

哪 nǎ 때 어느, 어떤
国 guó 명 나라
叫 jiào 동 (~라고) 부르다
名字 míngzi 명 이름
贵姓 guìxìng 명 (상대방의) 성, 성씨
贵 guì 형 [상대방과 관련 있는 사물을 높여 부르는 말], 귀하다, 비싸다
姓 xìng 명 성(씨) 동 성이 ~이다
几 jǐ 때 몇 [수량을 물을 때 쓰임]
位 wèi 양 명, 분 [사람 수를 세는 양사]
教 jiāo 동 가르치다
住 zhù 동 살다, 거주하다
房间 fángjiān 명 방
电话 diànhuà 명 전화
号码 hàomǎ 명 번호, 숫자
每 měi 때 매, 각, ~마다
天 tiān 명 하루, 날
下午 xiàwǔ 명 오후
做 zuò 동 하다
有时候 yǒu shíhou 때로(는), 어떤 때
休息 xiūxi 동 휴식하다, 쉬다
常常 chángcháng 부 늘, 항상
跟 gēn 개접 ~와(과)
谁 shéi 때 누구
一起 yìqǐ 부 같이, 함께

✏️ 어법 단어

睡觉 shuìjiào 동 (잠을) 자다
这儿 zhèr 때 여기, 이곳
晚上 wǎnshang 명 저녁

▶ 고유명사

王 Wáng 고유 왕 [성씨]
北京语言大学 Běijīng Yǔyán Dàxué 고유 베이징어언대학
小雨 Xiǎoyǔ 고유 샤오위 [인명]
张 Zhāng 고유 장 [성씨]

회화 배우기

1 내 이름은 폴입니다. 🎧 08-02

왕 선생님: 你是哪国人?
Nǐ shì nǎ guó rén?

폴: 我是德国人。
Wǒ shì Déguó rén.

왕 선생님: 你叫什么名字?
Nǐ jiào shénme míngzi?

폴: 我叫保罗。请问，您贵姓?❶
Wǒ jiào Bǎoluó. Qǐngwèn, nín guìxìng?

왕 선생님: 我姓王。
Wǒ xìng Wáng.

2 중국어를 공부합니다. 🎧 08-03

왕 선생님: 你学习什么?
Nǐ xuéxí shénme?

폴: 我学习汉语。
Wǒ xuéxí Hànyǔ.

왕 선생님: 你在哪儿学习?
Nǐ zài nǎr xuéxí?

폴: 我在北京语言大学学习。
Wǒ zài Běijīng Yǔyán Dàxué xuéxí.

왕 선생님 你们班有多少学生？
Nǐmen bān yǒu duōshao xuéshēng?

폴 我们班有十五个学生。
Wǒmen bān yǒu shíwǔ ge xuéshēng.

왕 선생님 几位老师教你们？
Jǐ wèi lǎoshī jiāo nǐmen?

폴 三位老师教我们。
Sān wèi lǎoshī jiāo wǒmen.

③ 당신은 어디에 삽니까? 🎧 08-04

왕 선생님 你住哪儿?
Nǐ zhù nǎr?

폴 我住留学生宿舍。
Wǒ zhù liúxuéshēng sùshè.

왕 선생님 你住几号楼?
Nǐ zhù jǐ hào lóu?

폴 我住七号楼。
Wǒ zhù qī hào lóu.

왕 선생님 你的房间是多少号?
Nǐ de fángjiān shì duōshao hào?

폴 我的房间是109号。❷
Wǒ de fángjiān shì yāo líng jiǔ hào.

왕 선생님 你的电话号码是多少?
Nǐ de diànhuà hàomǎ shì duōshao?

폴 我的电话号码是82307531。
Wǒ de diànhuà hàomǎ shì bā èr sān líng qī wǔ sān yāo.

📝 읽고, 듣고, 쓰고, 반복해서 외우세요.

4 오후에 무엇을 합니까? 🎧 08-05

왕 선생님: 每天下午你做什么?
Měi tiān xiàwǔ nǐ zuò shénme?

폴: 有时候在宿舍休息，有时候去图书馆学习。❸
Yǒu shíhou zài sùshè xiūxi, yǒu shíhou qù túshūguǎn xuéxí.

왕 선생님: 你常常跟谁一起学习?
Nǐ chángcháng gēn shéi yìqǐ xuéxí?

폴: 我跟我的中国朋友一起学习。
Wǒ gēn wǒ de Zhōngguó péngyou yìqǐ xuéxí.

신공략 포인트

❶ **您贵姓?** 당신의 성씨는 무엇입니까?

'您贵姓?'은 상대방의 성씨를 공손하게 물을 때 쓰는 표현이다. 대답은 '我姓……'로 하며, 자신을 높여 '我贵姓……'라고 하지 않는다. 또한 제삼자의 성을 물을 때도 '贵'를 쓰지 않는다. 따라서 '他贵姓?'이 아니라 '他姓什么?'라고 해야 한다.

❷ **109号** 109호

방 번호, 전화번호, 버스 번호 등에 쓰인 숫자 1은 일반적으로 'yāo'라고 읽는다.

❸ **有时候去图书馆学习。** 어떤 때는 공부하러 도서관에 갑니다.

하나의 주어에 여러 개의 동사나 동사구가 연속적으로 쓰인 문장을 '연동문'이라고 한다. 연용된 동사나 동사구의 순서는 고정적이다. 본문과 같은 연동문의 경우, 뒤 동사(学习)는 앞 동사(去)가 나타내는 동작의 목적이다. 즉, 도서관에 '가는' 목적은 '공부하기' 위함이라는 뜻이다.

1 의문문(2)

'谁(shéi, 누구)' '什么(shénme, 무슨)' '哪(nǎ, 어느)' '哪儿(nǎr, 어디)' '几(jǐ, 몇)' '多少(duōshao, 얼마)' 등을 사용해 의문을 나타내면, 구체적인 내용을 특별히(特) 지정(指)해서 묻는 '특지의문문(特指疑问句)'이 된다. 의문대사가 쓰여도 문장의 어순은 바뀌지 않는다.

这是书。　　　　　　　→　　这是什么?
Zhè shì shū.　　　　　　　　Zhè shì shénme?
이것은 책입니다.　　　　　　이것은 무엇입니까?

我是美国人。　　　　　→　　你是哪国人?
Wǒ shì Měiguó rén.　　　　　Nǐ shì nǎ guó rén?
나는 미국인입니다.　　　　　당신은 어느 나라 사람입니까?

我在北京大学学习。　　→　　你在哪儿学习?
Wǒ zài Běijīng Dàxué xuéxí.　Nǐ zài nǎr xuéxí?
나는 베이징대학에서 공부합니다.　당신은 어디에서 공부합니까?

他是我朋友。　　　　　→　　他是谁?
Tā shì wǒ péngyou.　　　　　Tā shì shéi?
그는 내 친구입니다.　　　　　저 사람은 누구입니까?

我看书。　　　　　　　→　　你看什么?
Wǒ kàn shū.　　　　　　　　Nǐ kàn shénme?
나는 책을 봅니다.　　　　　　당신은 무엇을 봅니까?

문제로 확인

- 그림을 보고 의문대사를 사용해 의문문을 만들어 보세요.

①

A _____?

B 这是词典。

②

A _____?

B 她是我同屋。

❸

A _____?
B 我去邮局。

❹

A _____?
B 他是法国人。

❺

A _____?
B 我叫小雨。
A _____?
B 我姓张。

❻

A _____?
B 她在图书馆学习。
A _____?
B 他在房间睡觉。

❼

A _____?
B 我说"这儿离天安门比较远"。

2 개사구조

'在(zài, ~에서)' '跟(gēn, ~와/과)'은 품사 분류상 개사에 속한다. 개사란, 명사나 대사 앞에 놓여 개사구조를 이룬 후, 동작이나 성질과 관련된 '시간/장소/방향/대상/원인/목적/방식' 등을 나타내는 품사를 말한다.

> 개사구조 : 개사+명사/대사

我在北京大学学习。 나는 베이징대학에서 공부한다.
Wǒ zài Běijīng Dàxué xuéxí.

他跟我一起去教室。 그는 나와 함께 교실에 간다.
Tā gēn wǒ yìqǐ qù jiàoshì.

개사는 단독으로 쓰이지 않고, 반드시 개사의 목적어와 결합하여 개사구조를 이룬다. 개사구조는 주로 주어 뒤, 술어 앞에 놓여 부사어의 역할을 한다.

✽ 주의 : '在' '跟' 등으로 구성된 개사구조는 동사 뒤에 올 수 없다. 따라서 '他学习在北京大学'라고 말할 수 없다.

문제로 확인

● 주어진 단어를 조합하여 완전한 문장으로 만들어 보세요.

❶ 在   我   房间   休息   下午
→ _____

❷ 他   宿舍   电视   看   在   晚上
→ _____

❸ 保罗   朋友   跟   一起   啤酒   喝
→ _____

❹ 莉莉   同屋   跟   书店   去   一起
→ _____

3 '几'와 '多少'

'几 jǐ'와 '多少 duōshao'는 둘 다 수량을 물을 때 쓴다. 10 이하의 숫자가 예상될 경우에는 일반적으로 '几'를 쓰고, '多少'는 수량과 관계없이 쓸 수 있다. '几'가 대체하는 내용은 수사이므로, '几'와 '几'의 수식을 받는 명사 사이에는 양사를 써 주어야 한다. '多少' 뒤에는 양사를 써도 되고 쓰지 않아도 된다.

几位老师教你们? 몇 분의 선생님이 너희들을 가르치시니?
Jǐ wèi lǎoshī jiāo nǐmen?

你们班有多少(个)学生? 너희 반에는 학생이 몇 명이니?
Nǐmen bān yǒu duōshao (ge) xuéshēng?

你的电话号码是多少? 네 전화번호는 몇 번이니?
Nǐ de diànhuà hàomǎ shì duōshao?

문제로 확인

- 그림을 보고 대화를 완성해 보세요.

❶

A 小雨有_____妹妹?
B 小雨有_____妹妹。

❷

A 办公室里有_____老师?
B 办公室里有_____老师。

❸

A 他的房间号是_____?
B 他的房间号是_____。

❹

A 他的电话号码是_____?
B _____。

4 수량사가 관형어로 쓰이는 경우

현대 중국어에서 일반적으로 수사는 단독으로 명사를 수식할 수 없으며, 수사와 명사 사이에는 반드시 양사를 넣어야 한다.

我有**一个**姐姐。 나는 언니(누나)가 한 명 있다.
Wǒ yǒu yí ge jiějie.

他们班有**三位**老师。 그들 반에는 선생님이 세 분 계시다.
Tāmen bān yǒu sān wèi lǎoshī.

她买**一本**词典。 그녀는 사전 한 권을 산다.
Tā mǎi yì běn cídiǎn.

两杯咖啡多少钱? 커피 두 잔은 얼마예요?
Liǎng bēi kāfēi duōshao qián?

명사는 저마다 특정한 양사가 있으므로 아무 양사나 조합하면 안 된다. 우리가 앞에서 배운 양사로는 '个(ge, 개)' '位(wèi, 명)' '本(běn, 권)' '瓶(píng, 병)' '杯(bēi, 잔)' 등이 있다. '个'는 사용 범위가 비교적 넓어서 사람·사물·단체 등을 가리키는 명사 앞에 두루 쓰인다. '位'는 사람을 나타내는 명사 앞에 쓰이는데, 경의(敬意)의 의미를 포함하고 있다. '本'은 주로 서적류의 명사 앞에 쓰인다. '瓶'과 '杯'는 각각 병이나 컵에 담을 수 있는 물건을 나타내는 명사 앞에 쓰인다.

문제로 확인

- 个, 位, 本, 瓶, 杯 중에서 알맞은 양사를 골라 빈칸을 채워 보세요.

1. 一_____学生
2. 两_____书
3. 三_____哥哥
4. 四_____词典
5. 五_____老师
6. 六_____矿泉水
7. 七_____牛奶
8. 八_____朋友

1 지문을 읽고 주어진 내용에 근거하여 대화를 만들어 보세요.

❶
李秀智是韩国人，在北京大学学习汉语。她们班有十二个学生：五个男学生，七个女学生。两位老师教他们。李秀智学习很努力，成绩挺不错。
　　李秀智住在留学生宿舍，她的房间号是205，她的电话号码是62752114。

李秀智 Lǐ Xiùzhì 고유 이수지 [인명]

화제 당신은 어느 나라 사람입니까?
역할 이수지와 중국 학생

❷
A先生今天去看电影。这个电影是中国电影，名字叫《你好，北京!》。他跟他的中国朋友一起去。
　　A的同屋B先生下午去商店。他要买巧克力。他不喜欢吃巧克力。他的女朋友喜欢吃巧克力。

今天 jīntiān 명 오늘 ｜ 电影 diànyǐng 명 영화 ｜ 巧克力 qiǎokèlì 명 초콜릿 ｜ 喜欢 xǐhuan 동 좋아하다 ｜ 女朋友 nǚpéngyou 명 여자친구

화제 오늘 오후에 당신은 무엇을 합니까?
역할 A와 B

2 녹음을 듣고 빈칸을 채워 보세요. 🎧 08-06

姓名 이름	大卫
国籍 국적	
职业 직업	
住址 주소	
电话 전화	

 읽고, 듣고, 쓰고, 반복해서 외우세요.

당신의 가족은 몇 명이에요?

你家有几口人?
Nǐ jiā yǒu jǐ kǒu rén?

09

- **학습 목표**
  가족 관계를 묻고 답할 수 있다.
  직업과 나이를 묻고 답할 수 있다.

- **어법 포인트**
  가족 수를 묻는 표현 | 직업을 묻는 표현 | 나이를 묻는 표현

단어 익히기

🎧 09-01

🔊 회화 단어

- 想 xiǎng 동 그리워하다, 생각하다
- 家 jiā 명 집, 가정
- 当然 dāngrán 부 당연히, 물론
- 口 kǒu 양 명 사람, 식구, 입
- 兄弟 xiōngdì 명 형제
- 姐妹 jiěmèi 명 자매
- 独生女 dúshēngnǚ 명 외동딸, 독녀
- 父亲 fùqīn 명 부친, 아버지
- 工作 gōngzuò 동 일하다 명 직업, 일
- 医生 yīshēng 명 의사
- 母亲 mǔqīn 명 모친, 어머니
- 公司 gōngsī 명 회사
- 职员 zhíyuán 명 직원, 사원
- 记者 jìzhě 명 기자
- 名片 míngpiàn 명 명함
- 父母 fùmǔ 명 부모
- 今年 jīnnián 명 올해, 금년
- 多 duō 부 얼마나 [의문문에 쓰여 정도를 나타냄]
- 年纪 niánjì 명 나이, 연령
- 岁 suì 양 살, 세 [나이를 세는 단위]
- 秘密 mìmì 명 비밀 형 비밀의
- 孩子 háizi 명 어린이, (어린)아이
- 儿子 érzi 명 아들
- 真 zhēn 부 정말, 참으로

✏️ 어법 단어

- 大夫 dàifu 명 의사
- 售货员 shòuhuòyuán 명 판매원, 점원
- 经理 jīnglǐ 명 사장, 매니저, 책임자
- 司机 sījī 명 기사, 운전사
- 爷爷 yéye 명 할아버지
- 奶奶 nǎinai 명 할머니

▶ 고유명사

- 小叶 Xiǎoyè 고유 샤오예 [인명]
- 直美 Zhíměi 고유 나오미 [인명]

회화 배우기

1 가족이 몇 명입니까? 🎧 09-02

샤오예 直美，你想不想家？
Zhíměi, nǐ xiǎng bu xiǎng jiā?

나오미 当然想。
Dāngrán xiǎng.

샤오예 你家有几口人？
Nǐ jiā yǒu jǐ kǒu rén?

나오미 我家有五口人。
Wǒ jiā yǒu wǔ kǒu rén.

샤오예 你家有什么人？
Nǐ jiā yǒu shénme rén?

| 나오미 | 爸爸、妈妈、两个哥哥和我。你有没有兄弟姐妹？
Bàba、māma、liǎng ge gēge hé wǒ. Nǐ yǒu méiyǒu xiōngdì jiěmèi?

| 샤오예 | 我没有兄弟姐妹，我是独生女。
Wǒ méiyǒu xiōngdì jiěmèi, wǒ shì dúshēngnǚ.

❷ 무슨 일을 하십니까? 🎧 09-03

| 샤오예 | 你父亲在哪儿工作？
Nǐ fùqīn zài nǎr gōngzuò?

| 나오미 | 他在医院工作，他是医生。
Tā zài yīyuàn gōngzuò, tā shì yīshēng.

| 샤오예 | 你母亲呢？
Nǐ mǔqīn ne?

| 나오미 | 她不工作。
Tā bù gōngzuò.

| 샤오예 | 你两个哥哥做什么工作？
Nǐ liǎng ge gēge zuò shénme gōngzuò?

| 나오미 | 他们都是公司职员。你是做什么工作的？
Tāmen dōu shì gōngsī zhíyuán. Nǐ shì zuò shénme gōngzuò de?

| 샤오예 | 我是记者，这是我的名片。
Wǒ shì jìzhě, zhè shì wǒ de míngpiàn.

❸ 스물아홉 살입니다. 🎧 09-04

샤오예 你父母今年多大年纪?
Nǐ fùmǔ jīnnián duō dà niánjì?

나오미 我父亲今年六十岁，我母亲今年五十八。❶
Wǒ fùqīn jīnnián liùshí suì, wǒ mǔqīn jīnnián wǔshíbā.

샤오예 你哥哥今年多大?
Nǐ gēge jīnnián duō dà?

나오미 大哥三十二，二哥二十九。❷
Dàgē sānshí'èr, èrgē èrshíjiǔ.

샤오예 你呢?
Nǐ ne?

나오미 这是秘密。
Zhè shì mìmì.

❹ 올해 몇 살입니까? 🎧 09-05

샤오예 这是谁的孩子?
Zhè shì shéi de háizi?

나오미 这是我大哥的儿子。
Zhè shì wǒ dàgē de érzi.

샤오예 今年几岁?
Jīnnián jǐ suì?

나오미	今年五岁。
	Jīnnián wǔ suì.

샤오예	这孩子真可爱。❸
	Zhè háizi zhēn kě'ài.

신공략 포인트

❶ **我母亲今年五十八。** 저희 어머니는 올해 쉰여덟이십니다.

이 문장에서 수사 '五十八'는 직접 술어 역할을 한다. 앞뒤 문맥으로 내용이 명확할 경우, '……岁'의 '岁'는 생략할 수 있다. 그러나 만약 '十岁' 이하라면 '岁'를 생략할 수 없다.

❷ **大哥三十二，二哥二十九。** 큰오빠는 서른둘, 작은오빠는 스물아홉 살입니다.

'大哥(大姐)'는 집에서 가장 나이가 많은 형(누나)에 대한 호칭이다. 둘째 형(누나)은 '二哥(二姐)'이고, 그 아래로도 '三哥(三姐)' '四哥(四姐)' 식으로 숫자를 붙여 표현한다.

❸ **这孩子真可爱。** 이 아이 참 귀엽네요.

지시대사 '这' '那' 뒤에는 양사 없이도 명사가 바로 올 수 있다.

1 가족 수를 묻는 표현

중국어에서 '几口人 jǐ kǒu rén'은 가족 수를 묻는 표현이다. 가족 수를 물을 때는 양사 '口'를 쓰고, 그냥 사람의 수를 물을 때에는 양사 '个 ge'나 '位 wèi'를 쓴다.

你家有几口人? 너희 가족은 몇 명이니?
Nǐ jiā yǒu jǐ kǒu rén?

他家有几口人? 그의 가족은 몇 명이니?
Tā jiā yǒu jǐ kǒu rén?

你们班有多少个学生? 너희 반에는 학생이 몇 명이니?
Nǐmen bān yǒu duōshao ge xuésheng?

你们班有几位老师? 너희 반에는 선생님이 몇 분이니?
Nǐmen bān yǒu jǐ wèi lǎoshī?

문제로 확인

- 그림을 보고 가족이 몇 명인지 묻고 답해 보세요.

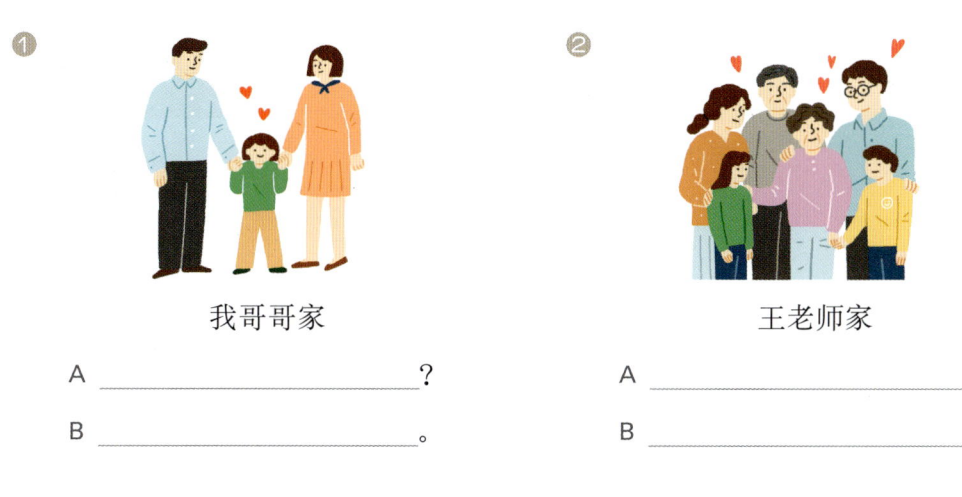

❶ 我哥哥家
A _____?
B _____。

❷ 王老师家
A _____?
B _____。

❸ 我姐姐家
A _____?
B _____。

2 직업을 묻는 표현

직업을 물을 때에는 '……做什么工作 zuò shénme gōngzuò' 또는 '……是做什么工作的 shì zuò shénme gōngzuò de'라는 표현을 쓴다. 대답은 '……是 shì ……'로 한다.

A 他做什么工作? 그는 무슨 일을 합니까?
　Tā zuò shénme gōngzuò?

B 他是大夫。 그는 의사입니다.
　Tā shì dàifu.

A 你是做什么工作的? 당신은 무슨 일을 합니까?
　Nǐ shì zuò shénme gōngzuò de?

B 我是记者。 나는 기자입니다.
　Wǒ shì jìzhě.

문제로 확인

● 그림을 보고 각 사람의 직업이 무엇인지 묻고 답해 보세요.

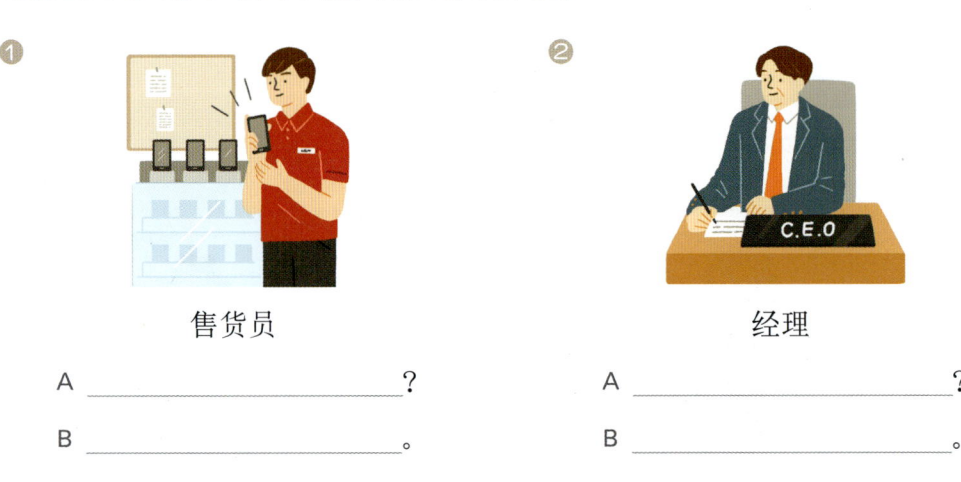

❶ 售货员

A _____?
B _____。

❷ 经理

A _____?
B _____。

❸ 司机

A _____?
B _____。

③ 나이를 묻는 표현

상대방의 나이에 따라 나이를 묻는 표현도 달라진다. 연장자에게 나이를 물을 때에는 일반적으로 '您多大年纪 Nín duō dà niánjì'라는 표현을 쓴다. 10세 이하의 어린이에게는 '你几岁 Nǐ jǐ suì'라고 하고, 성인의 나이를 물을 때에는 '你多大 Nǐ duō dà'라고 한다.

你爷爷今年多大年纪? 당신의 할아버지는 올해 연세가 어떻게 되십니까?
Nǐ yéye jīnnián duō dà niánjì?

你儿子今年几岁? 당신 아들은 올해 몇 살입니까?
Nǐ érzi jīnnián jǐ suì?

你今年多大? 당신은 올해 몇 살입니까?
Nǐ jīnnián duō dà?

문제로 확인

- 그림을 보고 나이를 묻고 답해 보세요.

小叶的爷爷和奶奶

A _____?
B _____。

直美的哥哥

A _____?
B _____。

保罗的女儿

A _____?
B _____。

1 주어진 자료에 근거하여 대화를 만들어 보세요.

❶
```
北京新安书店
张明 经理
电话：82303177
```

```
李　朋 医生
北京大学医院
电话：63096432
```

화제 어디에서 근무하십니까?
역할 장밍과 리펑

❷
　　王小朋今年五岁，他家有四口人；爸爸、妈妈、弟弟和他。他爸爸今年三十五岁，在公司工作，是职员。他妈妈今年三十二岁，是老师。他弟弟今年也五岁，他们是**双胞胎**。
　　王小朋喜欢看**动画片**，喜欢吃**冰淇淋**，喜欢喝可口可乐。王小朋每天和弟弟王小友一起去**幼儿园**。

双胞胎 shuāngbāotāi 명 쌍둥이 ｜ 动画片 dònghuàpiàn 명 만화영화 ｜ 冰淇淋 bīngqílín 명 아이스크림 ｜ 幼儿园 yòu'éryuán 명 유치원

화제 너희 가족은 몇 명이니?
역할 유치원 선생님과 왕샤오펑

2 그림을 보고 그림 속의 인물에 대해 소개해 보세요.

3 녹음을 듣고 질문에 알맞은 답을 고르세요. 🎧 09-06

① 王老师家有几口人？
　A 三口人
　B 四口人
　C 十口人

② 王老师的爱人今年多大年纪？
　A 四十一岁
　B 四十七岁
　C 四十岁

③ 王老师的大女儿是做什么工作的？
　A 售货员
　B 老师
　C 大夫

④ 王老师家有什么人？
　A 王老师、王老师的爱人、一个儿子、一个女儿
　B 王老师、王老师的爱人、两个儿子
　C 王老师、王老师的爱人、两个女儿

지금 몇 시예요?
现在几点?
Xiànzài jǐ diǎn?

10

● **학습 목표**
시간을 묻고 답할 수 있다.
요일과 날짜를 묻고 답할 수 있다.

● **어법 포인트**
명사술어문 | 시간 표현법 | 연월일 및 요일 표현법

단어 익히기 🎧 10-01

📘 회화 단어

现在 xiànzài 몡 지금, 현재
点 diǎn 양 시
刻 kè 양 15분
早饭 zǎofàn 몡 아침밥
半 bàn 수 절반, 2분의 1
时候 shíhou 몡 때, 시각
上课 shàngkè 동 수업하다, 수업을 듣다
从……到…… cóng……dào……
~에서 ~까지
上午 shàngwǔ 몡 오전
今天 jīntiān 몡 오늘
月 yuè 몡 달, 월
号(日) hào(rì) 몡 일 [날짜를 가리킴]
星期 xīngqī 몡 주, 요일
星期天(星期日) xīngqītiān(xīngqīrì)
몡 일요일
吧 ba 조 [제안·청유·동의를 나타냄]
咱们 zánmen 대 우리(들)
啊 a 조 [긍정·의문·감탄을 나타냄]
出发 chūfā 동 출발하다, 떠나다
行 xíng 동 좋다, ~해도 좋다
见面 jiànmiàn 동 만나다
差 chà 형 부족하다, 모자라다
分 fēn 양 분 [시간 단위]
门口 ménkǒu 몡 입구
等 děng 동 기다리다

✏️ 어법 단어

早上 zǎoshang 몡 아침
起床 qǐchuáng 동 일어나다
下课 xiàkè 동 수업이 끝나다, 수업을 마치다
午饭 wǔfàn 몡 점심밥
晚饭 wǎnfàn 몡 저녁밥
年 nián 몡 해, 년
大前天 dàqiántiān 몡 그끄저께
前天 qiántiān 몡 그저께
昨天 zuótiān 몡 어제
明天 míngtiān 몡 내일
后天 hòutiān 몡 모레
大后天 dàhòutiān 몡 글피
生日 shēngrì 몡 생일

1 지금 몇 시입니까? 🎧 10-02

샤오예 现在几点？
Xiànzài jǐ diǎn?

릴리 现在七点一刻。
Xiànzài qī diǎn yí kè.

샤오예 你几点吃早饭？
Nǐ jǐ diǎn chī zǎofàn?

릴리 我七点半吃早饭。
Wǒ qī diǎn bàn chī zǎofàn.

샤오예 你什么时候上课？
Nǐ shénme shíhou shàngkè?

릴리 我从上午八点到十二点上课。
Wǒ cóng shàngwǔ bā diǎn dào shí'èr diǎn shàngkè.

❷ 무슨 요일입니까? 🎧 10-03

릴리 今天几月几号?
Jīntiān jǐ yuè jǐ hào?

샤오예 今天七月二十二号。
Jīntiān qī yuè èrshí'èr hào.

릴리 今天星期几?
Jīntiān xīngqī jǐ?

샤오예 今天星期三。
Jīntiān xīngqīsān.

릴리 二十五号是星期天吧? ❶
Èrshíwǔ hào shì xīngqītiān ba?

샤오예 二十五号不是星期天，是星期六。
Èrshíwǔ hào bú shì xīngqītiān, shì xīngqīliù.

신공략 포인트

❶ **二十五号是星期天吧?** 25일은 일요일이지요?
어기조사 '吧'는 '확신할 수 없다'는 어감을 나타낸다. 어떤 사실에 대해 어느 정도 추측이 되지만 확신할 수 없을 때, 문장 끝에 '吧'를 쓴다.

❷ **好啊!** 좋아요!
어기조사 '啊'는 경성으로 발음하며, 긍정이나 찬동의 어감을 나타낸다.

3 몇 시에 만날까요? 🎧 10-04

샤오예 星期天咱们去颐和园，怎么样？
Xīngqītiān zánmen qù Yíhéyuán, zěnmeyàng?

릴리 好啊!❷ 什么时候出发？
Hǎo a! Shénme shíhou chūfā?

샤오예 上午九点，行吗？
Shàngwǔ jiǔ diǎn, xíng ma?

릴리 行。咱们几点见面？
Xíng. Zánmen jǐ diǎn jiànmiàn?

샤오예 差五分九点，我在学校门口等你。
Chà wǔ fēn jiǔ diǎn, wǒ zài xuéxiào ménkǒu děng nǐ.

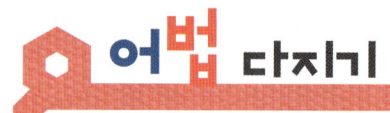

1 명사술어문

술어의 주요 성분이 명사·명사구·수량사 등으로 이루어진 문장을 '명사술어문'이라고 한다. 명사술어문은 일반적으로 시간·날짜·나이·출신·수량 등을 나타낼 때 쓰인다. 명사술어문의 긍정문에서는 일반적으로 동사 '是 shì'를 쓰지 않는다. 하지만 부정문에서는 명사술어 앞에 반드시 '不是 bú shì'를 써야 한다.

现在七点十分。 지금은 7시 10분이다.
Xiànzài qī diǎn shí fēn.

今天十七号。 오늘은 17일이다.
Jīntiān shíqī hào.

二十号不是星期天。 20일은 일요일이 아니다.
Èrshí hào bú shì xīngqītiān.

2 시간 표현법

중국어에서 시간을 나타내는 방법은 다음과 같다.

8:00	八点 bā diǎn
8:05	八点五分 ｜ 八点零五(分) bā diǎn wǔ fēn　bā diǎn líng wǔ (fēn)
8:15	八点一刻 ｜ 八点十五(分) bā diǎn yí kè　bā diǎn shíwǔ (fēn)
8:30	八点半 ｜ 八点三十(分) bā diǎn bàn　bā diǎn sānshí (fēn)
8:55	八点五十五(分) ｜ 差五分九点 bā diǎn wǔshíwǔ (fēn)　chà wǔ fēn jiǔ diǎn

분 단위가 10 이하일 때는 뒤에 '分 fēn'을 반드시 붙여서 말해야 한다. '分'을 생략하고 싶으면 숫자 앞에 '零 líng'을 붙여 말해야 한다. 분 단위가 10 이상일 때는 '分'을 붙여도 되고 붙이지 않아도 된다.

문제로 확인

• 그림을 보고 보기와 같이 교체 연습을 해 보세요.

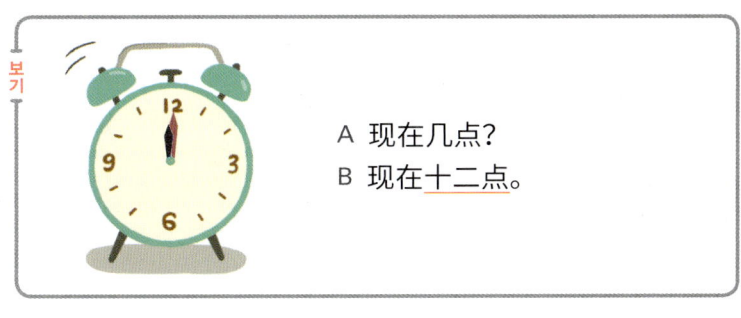

보기
A 现在几点?
B 现在十二点。

①

②

③

④

⑤

⑥

그림을 보고 주어진 단어를 넣어 교체 연습을 해 보세요.

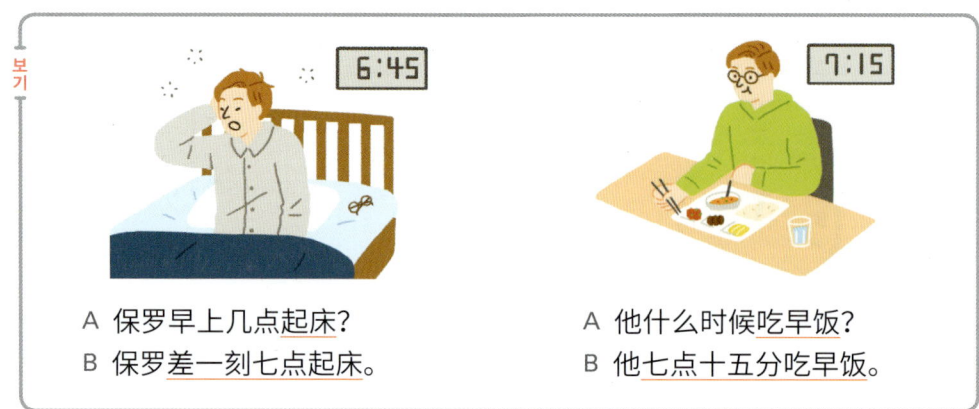

A 保罗早上几点起床？
B 保罗差一刻七点起床。

A 他什么时候吃早饭？
B 他七点十五分吃早饭。

❶ 上课

❷ 下课

❸ 吃午饭

❹ 学习

❺ 吃晚饭

❻ 睡觉

③ 연월일 및 요일 표현법

(1) 연도를 읽을 때는 숫자를 하나하나 읽으면 된다.

二零一八年 èr líng yī bā nián 2018년

(2) 12개월은 차례대로 다음과 같이 나타낸다.

一月 yī yuè	二月 èr yuè	三月 sān yuè	四月 sì yuè	五月 wǔ yuè	六月 liù yuè
1월	2월	3월	4월	5월	6월

七月 qī yuè	八月 bā yuè	九月 jiǔ yuè	十月 shí yuè	十一月 shíyī yuè	十二月 shí'èr yuè
7월	8월	9월	10월	11월	12월

(3) 요일은 다음과 같이 나타낸다.

星期一 xīngqīyī	星期二 xīngqī'èr	星期三 xīngqīsān	星期四 xīngqīsì	星期五 xīngqīwǔ	星期六 xīngqīliù	星期天(日) xīngqītiān(rì)
월요일	화요일	수요일	목요일	금요일	토요일	일요일

(4) 날짜를 나타낼 때는 숫자 뒤에 바로 '日 rì'를 붙이면 된다.

一日 1일   二日 2일   ……   三十一日 31일
yī rì   èr rì   sānshíyī rì

중국어에서 날짜를 표현하는 방법으로 '日'나 '号 hào'를 쓸 수 있는데, 회화에서는 주로 '号'를 쓰고 서면에서는 주로 '日'를 쓴다.

(5) 시간은 큰 단위에서 작은 단위 순으로 표시한다.

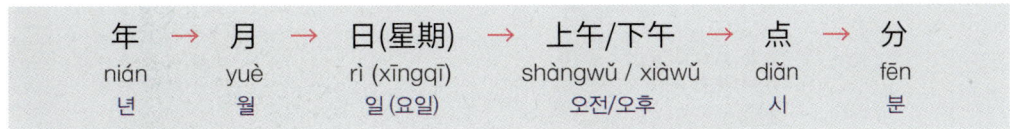

二零一八年十月一日上午八点二十分 2018년 10월 1일 오전 8시 20분
èr líng yī bā nián shí yuè yī rì shàngwǔ bā diǎn èrshí fēn

문제로 확인

- 그림을 보고 주어진 단어를 넣어 교체 연습을 해 보세요.

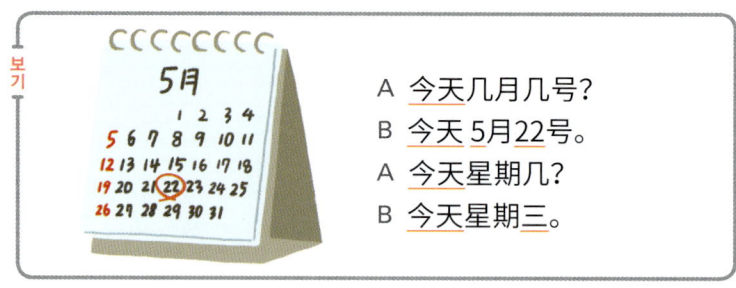

A 今天几月几号?
B 今天 5月22号。
A 今天星期几?
B 今天星期三。

❶ 大前天

❷ 前天

❸ 昨天

❹ 明天

❺ 后天

❻ 大后天

- 대화를 완성해 보세요.

A 你的生日是几月几号?
B _____。

1 지문을 읽고 주어진 내용에 근거하여 대화를 만들어 보세요.

➊
> 通知
>
> 太极拳学习班4月27日**开始**，5月15日**结束**。每星期一、三、五下午4:15－5:45。
>
> 4月18日上午8:00－11:30在留学生办公室**报名**。
>
> 留学生办公室
> 2018年4月17日

通知 tōngzhī 명 통지 동 통지하다 ｜ 太极拳 tàijíquán 명 태극권 ｜ 开始 kāishǐ 동 시작하다 ｜ 结束 jiéshù 동 끝나다 ｜ 报名 bàomíng 동 신청하다, 등록하다

화제 위의 통지를 보고 친구에게 그 내용을 알려 준다.
역할 당신과 친구

➋
> 小王今天下午跟他的中国朋友小李一起去书店。小王12点半吃午饭，小李11点45吃午饭。小王和小李下午两点出发。小王1点55分在宿舍楼门口等小李。

화제 두 사람이 약속 시간과 장소를 정하다.
역할 샤오왕과 샤오리

2 주어진 화제에 대해 중국어로 이야기해 보세요.

> 我的一天
>
> 我每天七点起床，……

3 녹음을 듣고, 내용을 다시 중국어로 말해 보세요. 🎧 10-05

老师问小明：

问 wèn 통 묻다 | 小明 Xiǎomíng 고유 샤오밍 [인명] | 回答 huídá 통 대답하다

중국 명승지와 명언

구이린의 산수는 천하제일이고,
양숴의 산수는 구이린에서도 으뜸이다.
桂林山水甲天下，阳朔山水甲桂林。
Guìlín shānshuǐ jiǎ tiānxià, Yángshuò shānshuǐ jiǎ Guìlín.

복습 2
06~10

- 6~10과에서 배웠던 주요 단어, 표현, 어법 내용을 복습해 보세요.

주요 단어

06
- 认识 rènshi 알다, 인식하다
- 高兴 gāoxìng 기쁘다, 즐겁다
- 介绍 jièshào 소개하다
- 是 shì ~이다
- 学习 xuéxí 공부하다, 학습하다
- 汉语 Hànyǔ 중국어
- 学生 xuésheng 학생
- 朋友 péngyou 친구

07
- 最近 zuìjìn 최근, 요즈음
- 身体 shēntǐ 몸, 신체, 건강
- 比较 bǐjiào 비교적
- 努力 nǔlì 열심히 하다
- 太 tài 너무, 몹시
- 有 yǒu 있다, 가지고 있다
- 没(有) méi(yǒu) 없다, ~않다
- 离 lí ~에서, ~로부터, ~까지

08
- 叫 jiào (~라고) 부르다
- 名字 míngzi 이름
- 几 jǐ 몇
- 有时候 yǒu shíhou 때로(는), 어떤 때
- 常常 chángcháng 늘, 항상
- 跟 gēn ~와(과)
- 谁 shéi 누구
- 一起 yìqǐ 같이, 함께

09
- 想 xiǎng 그리워하다, 생각하다
- 当然 dāngrán 당연히, 물론
- 口 kǒu 사람, 식구, 입
- 今年 jīnnián 올해, 금년
- 多 duō 얼마나
- 年纪 niánjì 나이, 연령
- 岁 suì 살, 세
- 真 zhēn 정말, 참으로

10
- 现在 xiànzài 지금, 현재
- 点 diǎn 시
- 半 bàn 절반, 2분의 1
- 时候 shíhou 때, 시각
- 上课 shàngkè 수업하다, 수업을 듣다
- 星期 xīngqī 주, 요일
- 分 fēn 분 [시간 단위]
- 下课 xiàkè 수업이 끝나다

핵심 표현

06
- 여러분 안녕하세요. 만나서 반갑습니다.
  你们好，认识你们很高兴。
  Nǐmen hǎo, rènshi nǐmen hěn gāoxìng.

- 제가 소개 좀 할게요.
  我来介绍一下儿。
  Wǒ lái jièshào yíxiàr.

- 얘는 저희 딸인데, 아주 똑똑하고 귀엽습니다.
  这是我们的女儿，她很聪明，也很可爱。
  Zhè shì wǒmen de nǚ'ér, tā hěn cōngmíng, yě hěn kě'ài.

07
- 요즘 건강은 괜찮으신가요?
  最近你身体好吗?
  Zuìjìn nǐ shēntǐ hǎo ma?

- 나는 공부하느라 조금 바쁩니다.
  我学习比较忙。
  Wǒ xuéxí bǐjiào máng.

- 우리 기숙사는 교실에서 매우 가깝습니다.
  我的宿舍离教室很近。
  Wǒ de sùshè lí jiàoshì hěn jìn.

08
- 당신은 어느 나라 사람입니까?
  你是哪国人?
  Nǐ shì nǎ guó rén?

- 당신의 이름은 무엇입니까?
  你叫什么名字?
  Nǐ jiào shénme míngzi?

- 어떤 때는 기숙사에서 쉬고, 어떤 때는 공부하러 도서관에 갑니다.
  有时候在宿舍休息，有时候去图书馆学习。
  Yǒu shíhou zài sùshè xiūxi, yǒu shíhou qù túshūguǎn xuéxí.

09
- 우리 가족은 다섯 명입니다.

  我家有五口人。
  Wǒ jiā yǒu wǔ kǒu rén.

- 아빠, 엄마, 두 오빠와 나입니다.

  爸爸、妈妈、两个哥哥和我。
  Bàba、māma、liǎng ge gēge hé wǒ.

- 당신의 오빠는 올해 몇 살입니까?

  你哥哥今年多大?
  Nǐ gēge jīnnián duō dà?

10
- 지금 몇 시입니까?

  现在几点?
  Xiànzài jǐ diǎn?

- 나는 오전 8시부터 12시까지 수업을 듣습니다.

  我从上午八点到十二点上课。
  Wǒ cóng shàngwǔ bā diǎn dào shí'èr diǎn shàngkè.

- 25일은 일요일이 아니라, 토요일입니다.

  二十五号不是星期天，是星期六。
  Èrshíwǔ hào bú shì xīngqītiān, shì xīngqīliù.

어법 포인트

1 중국어의 일반적인 어순

주어	술어	목적어
我(나)	学习(공부하다)	汉语(중국어)

我学习汉语。 나는 중국어를 공부한다.
Wǒ xuéxí Hànyǔ.

2 '是'자문

동사 '是 shì'가 술어로 쓰인 문장을 '是'자문이라고 한다. '是' 뒤에 오는 목적어는 주어를 설명하는 역할을 한다. 부정형은 '是' 앞에 부정부사 '不 bù'를 붙인다.

这是词典。 이것은 사전이다.
Zhè shì cídiǎn.

那不是词典。 그것은 사전이 아니다.
Nà bú shì cídiǎn.

3 관형어와 구조조사 '的'

관형어는 주로 명사를 수식한다. 수식을 받은 성분을 중심어(中心语)라고 한다.

法国学生   프랑스 학생

관형어 + 중심어

대사·명사가 관형어로 쓰여 소유 관계를 나타낼 경우, 관형어 뒤에 '的 de'를 붙인다.

我的书   내 책

관형어+구조조사 的+중심어

4 주술술어문

술어 부분이 주술구조로 이루어진 문장을 '주술술어문'이라고 한다. 부정형은 술어 앞에 '不 bù' 등 부정부사를 붙인다.

我身体很好。 나는 몸이 건강하다.
Wǒ shēntǐ hěn hǎo.

他<u>学习不太努力</u>。 그는 공부를 그다지 열심히 하지 않는다.
Tā xuéxí bú tài nǔlì.

5 의문문(1)

서술문 끝에 어기조사 '吗 ma'를 붙이면 의문문이 된다.

你是留学生吗? 당신은 유학생입니까?
Nǐ shì liúxuéshēng ma?

6 의문문(2)

의문대사를 사용해 의문을 나타내면, 구체적인 내용을 특별히(特) 지정(指)해서 묻는 '특지의문문(特指疑问句)'이 된다. 의문대사가 쓰여도 문장의 어순은 바뀌지 않는다.

这是<u>书</u>。 → 这是<u>什么</u>?
Zhè shì shū. Zhè shì shénme?
이것은 책입니다. 이것은 무엇입니까?

7 정반의문문

술어의 주요 성분(동사/형용사)의 긍정형과 부정형을 나열하면 정반의문문이 된다. 정반의문문은 '吗 ma'를 사용한 일반의문문과 의미가 같다.

你<u>去不去</u>教室? 당신은 교실에 갑니까?
Nǐ qù bu qù jiàoshì?

你去教室<u>吗</u>? 당신은 교실에 갑니까?
Nǐ qù jiàoshì ma?

8 '几'와 '多少'

'几 jǐ'와 '多少 duōshao'는 둘 다 수량을 물을 때 쓴다. 10 이하의 숫자가 예상될 때는 '几'를 쓰고, '多少'는 수량에 관계없이 쓸 수 있다. '几'와 '几'의 수식을 받는 명사 사이에는 양사를 써 주어야 하고, '多少' 뒤에는 양사를 써도 되고 쓰지 않아도 된다.

<u>几</u>位老师教你们? 몇 분의 선생님이 너희들을 가르치시니?
Jǐ wèi lǎoshī jiāo nǐmen?

你们班有<u>多少</u>(个)学生? 너희 반에는 학생이 몇 명이니?
Nǐmen bān yǒu duōshao (ge) xuésheng?

Tīngtìng 듣기

1 녹음을 듣고 시각을 표시해 보세요. 🎧 fuxi 04

(1)

_____

(2)

_____

2 녹음을 듣고 ○, ×를 표시해 보세요. 🎧 fuxi 05

(1) 남자는 영어를 공부한다. (   )

(2) 남자는 베이징대학에서 공부한다. (   )

(3) 남자의 반에는 14명의 학생이 있다. (   )

(4) 3명의 선생님이 남자의 반 학생들을 가르친다. (   )

3 녹음을 듣고 질문에 답해 보세요. 🎧 fuxi 06

(1) 오늘은 몇 월 며칠입니까?

_____

(2) 오늘은 무슨 요일입니까?

_____

(3) 28일은 무슨 요일입니까?

_____

 읽기

1 다음 대화문을 읽고 질문에 답해 보세요.

> A 你父亲在哪儿工作?
> Nǐ fùqīn zài nǎr gōngzuò?
>
> B 他在学校工作，他是老师。
> Tā zài xuéxiào gōngzuò, tā shì lǎoshī.
>
> A 你弟弟做什么工作?
> Nǐ dìdi zuò shénme gōngzuò?
>
> B 他是记者。你是做什么工作的?
> Tā shì jìzhě. Nǐ shì zuò shénme gōngzuò de?
>
> A 我是公司职员，这是我的名片。
> Wǒ shì gōngsī zhíyuán, zhè shì wǒ de míngpiàn.

(1) A의 직업은 무엇인가? _____

(2) B의 아버지의 직업은 무엇인가? _____

2 다음 대화문을 읽고 O, ×를 표시해 보세요.

> A 你父母今年多大年纪?
> Nǐ fùmǔ jīnnián duō dà niánjì?
>
> B 我父亲今年六十八岁，我母亲今年六十九。
> Wǒ fùqīn jīnnián liùshíbā suì, wǒ mǔqīn jīnnián liùshíjiǔ.
>
> A 你哥哥今年多大?
> Nǐ gēge jīnnián duō dà?
>
> B 大哥三十五，二哥三十一。
> Dàgē sānshíwǔ, èrgē sānshíyī.

(1) B의 아버지는 올해 66세이다. (   )
(2) B의 큰오빠는 올해 35세이다. (   )
(3) B의 작은오빠는 올해 33세이다. (   )
(4) B의 어머니는 올해 69세이다. (   )

1 학습한 단어를 활용해 친구들에게 주변의 한 사람을 소개해 보세요.

국적, 이름, 신분, 직업, 나이, 생일, 가족 관계 등등

_____

_____

_____

_____

_____

2 상대방의 전화번호를 묻고 답해 보세요.

A _____的电话号码是多少?

B _____的电话号码是_____。

3 짝과 함께 서로의 일과를 묻고 답해 보세요.

A 你每天几点_____?

B _____。

활용단어 睡觉 shuìjiào | 起床 qǐchuáng | 吃早饭 chī zǎofàn | 上课 shàngkè | 下课 xiàkè | 上午 shàngwǔ | 下午 xiàwǔ | 点 diǎn | 分 fēn

Xiěxie 쓰기

1 보기에서 알맞은 어휘를 골라 다음 문장을 완성해 보세요.

> 有   多   不是   多少   在   几   什么

(1) 你的电话号码是_____?

(2) 你是做_____工作的?

(3) 我_____北京大学学习。

(4) 我们班_____十五个学生。

2 다음 문장을 중국어로 써 보세요.

(1) 매일 오후에 당신은 무엇을 합니까? → _____

(2) 나는 친구와 함께 도서관에 갑니다. → _____

(3) 당신의 누나는 어디에서 일합니까? → _____

(4) 당신의 아이는 올해 몇 살입니까? → _____

3 다음 문장을 정반의문문으로 고쳐 써 보세요.

(1) 你的房间大吗? → _____

(2) 宿舍里有电视吗? → _____

(3) 你的公司离家远吗? → _____

(4) 你们学校留学生多吗? → _____

부록

- 본문 해석
- 모범답안 & 녹음대본
- 한어병음자모 배합표

01 안녕하세요!

1 안녕하세요!
- A 안녕하세요!
- B 안녕하세요!

(교체 연습)
당신 [존칭]   너희들(여러분)   선생님

2 감사합니다!
- A 감사합니다!
- B 천만에요.

3 미안합니다!
- A 미안합니다!
- B 괜찮습니다.

4 안녕히 가세요!
- A 안녕히 가세요!(안녕히 계세요!)
- B 안녕히 계세요!(안녕히 가세요!)

5 들어오세요!
- A 들어오세요!

(교체 연습)
앉다   듣다   말하다   읽다   쓰다

02 잘 지내세요?

1 나는 잘 지냅니다.
- A 잘 지내니?
- B 잘 지내. 너는?
- A 나도 잘 지내.
- B 너희 아버지, 어머니 모두 안녕하시지?
- A (그분들도) 모두 잘 지내셔.

(교체 연습)
네 형(오빠) | 그   네 언니(누나) | 그녀
네 남편 | 그   네 아내 | 그녀

(교체 연습)
남동생, 여동생

2 당신은 바쁩니까?
- A 바쁘니?
- B 바쁘지 않아.

(교체 연습)
피곤하다   배고프다   목마르다

03 뭐 먹을래요?

1 뭐 먹을래요?
- A 너 뭐 먹을래?
- B 만두(쟈오즈) 먹을래.

(교체 연습)
쌀밥   국수   빵   찐빵(빠오즈)

2 뭐 마실래요?
- A 너 뭐 마실래?
- B 맥주 마실래.

(교체 연습)
코카콜라   차   커피   생수   우유

3 뭐 살래요?
- A 너 뭐 살 거야?
- B 사전 살 거야.

(교체 연습)
공책   책   펜   책가방

04 얼마예요?

1 환전을 하려고 합니다.

A 환전을 하려고 하는데요.
B 얼마를 바꾸시겠어요?
A 100달러 바꿀게요.

교체 연습
2   3   4   5

2 얼마입니까?

A 커피 두 잔에 얼마예요?
B 50위안입니다.

교체 연습
| 노트 한 권 | 4.65위안 | 맥주 세 병 | 17.2위안 |
| 빵 한 개 | 8위안 | 사전 두 권 | 90위안 |

05 도서관은 어디에 있나요?

1 도서관은 어디에 있습니까?

A 말씀 좀 여쭙겠습니다. 도서관은 어디에 있나요?
B 바로 저기에 있어요.

교체 연습
식당   유학생 기숙사   사무실   7동

2 잘 모르겠습니다.

A 말씀 좀 여쭙겠습니다. 우체국은 어디에 있나요?
B 죄송하지만 잘 모르겠어요.

교체 연습
은행   병원   상점   서점

3 어디 가세요?

A 어디 가세요?
B 톈안먼에 가요.

교체 연습
고궁   이허위안   만리장성

06 제가 소개 좀 할게요.

1 만나서 반갑습니다.

폴   여러분 안녕하세요! 여러분을 알게 되어 매우 기쁩니다. 제가 소개 좀 할게요. 저는 독일 유학생 폴이고, 중국어를 배웁니다. 저는 A반 학생입니다. 이분은 저희 선생님입니다. 저 사람들은 제 친구 사이먼과 이영남이고, 그들도 유학생입니다. 그들은 모두 독일인이 아닙니다. 사이먼은 프랑스인, 이영남은 한국인입니다.

2 우리 교실은 크지 않습니다.

폴   여기는 우리 교실입니다. 우리 교실은 크지 않습니다. 이것은 제 중국어 책입니다. 제 책은 새것입니다. 저것은 제 사전이 아니고, 제 학우의 사전입니다. 그의 사전은 두껍습니다.

3 그녀는 매우 똑똑합니다.

폴   이분은 저희 아버지입니다. 이분은 저희 어머니입니다. 이 사람은 제 아내인데, 매우 아름답습니다. 이 아이는 저희 딸인데, 아주 똑똑하고 귀엽습니다. 여러분 보세요. 이게 접니다. 참 잘생겼습니다.

07 건강은 괜찮으신가요?

1 공부하느라 바쁩니까?

중국 친구   요즘 건강은 괜찮니?
사이먼   건강해.
중국 친구   공부하느라 바쁘니?
사이먼   공부하기가 조금 바쁜 편이야.
중국 친구   성적은 괜찮니?
사이먼   그저 그래.
중국 친구   너희 반 친구들은 열심히 공부하니?

사이먼　그들은 아주 열심히 공부해.

2 기숙사는 교실에서 가깝습니다.

중국 친구　네 기숙사는 넓니?

사이먼　기숙사는 그다지 넓지 않아.

중국 친구　기숙사에 에어컨은 있어?

사이먼　기숙사에 에어컨이 있어.

중국 친구　너 룸메이트 있니?

사이먼　룸메이트 없어.

중국 친구　너희 기숙사는 교실에서 멀어?

사이먼　우리 기숙사는 교실에서 가까워.

3 유학생이 아주 많습니다.

중국 친구　너희 학교에 유학생이 많니?

사이먼　우리 학교에 유학생이 아주 많아.

중국 친구　너희 학교 식당은 어때?

사이먼　우리 학교 식당 좋아.

08 당신은 어느 나라 사람이에요?

1 내 이름은 폴입니다.

왕 선생님　당신은 어느 나라 사람인가요?

폴　저는 독일인이에요.

왕 선생님　이름이 무엇인가요?

폴　폴이라고 합니다. 실례지만 성이 어떻게 되세요?

왕 선생님　나는 왕씨예요.

2 중국어를 공부합니다.

왕 선생님　무엇을 공부하나요?

폴　저는 중국어를 공부해요.

왕 선생님　어디에서 공부해요?

폴　베이징어언대학에서 공부해요.

왕 선생님　반에 학생이 몇 명인가요?

폴　저희 반에는 학생이 열다섯 명이에요.

왕 선생님　선생님 몇 분이 가르치세요?

폴　선생님 세 분이 가르치세요.

3 당신은 어디에 삽니까?

왕 선생님　어디에 살아요?

폴　유학생 기숙사에 살아요.

왕 선생님　몇 동에 살아요?

폴　7동에 살아요.

왕 선생님　방이 몇 호인가요?

폴　제 방은 109호예요.

왕 선생님　전화번호는 몇 번인가요?

폴　제 전화번호는 82307531입니다.

4 오후에 무엇을 합니까?

왕 선생님　매일 오후에 무엇을 해요?

폴　어떤 때는 기숙사에서 쉬고, 어떤 때는 공부하러 도서관에 가요.

왕 선생님　누구와 함께 자주 공부해요?

폴　제 중국 친구와 함께 공부해요.

09 당신의 가족은 몇 명이에요?

1 가족이 몇 명입니까?

샤오예　나오미, 집 생각나지 않아요?

나오미　당연히 생각나지요.

샤오예　가족이 몇 명이에요?

나오미　우리 가족은 다섯 명이에요.

샤오예　누구누구 있어요?

나오미　아빠, 엄마, 두 오빠와 나예요. 당신은 형제자매가 있나요?

샤오예　나는 형제자매가 없어요. 외동딸이에요.

2 무슨 일을 하십니까?

샤오예　당신 아버지는 어디에서 근무하세요?

나오미　병원에서 근무하세요. 의사이세요.

샤오예　어머니는요?

본문 해석

나오미 　직장에 다니지 않으세요.
샤오예 　오빠 두 분은 무슨 일을 하나요?
나오미 　모두 샐러리맨이에요. 당신은 무슨 일을 하나요?
샤오예 　나는 기자예요. 여기 제 명함이에요.

3 스물아홉 살입니다.
샤오예 　부모님은 올해 연세가 어떻게 되세요?
나오미 　아버지는 올해 예순이시고, 어머니는 쉰여덟이세요.
샤오예 　오빠는 올해 몇 살인가요?
나오미 　큰오빠는 서른둘, 작은오빠는 스물아홉 살이에요.
샤오예 　당신은요?
나오미 　비밀인데요.

4 올해 몇 살입니까?
샤오예 　얘는 누구 아이인가요?
나오미 　우리 큰오빠의 아들이에요.
샤오예 　올해 몇 살이에요?
나오미 　다섯 살이에요.
샤오예 　정말 귀엽네요.

10 지금 몇 시예요?

1 지금 몇 시입니까?
샤오예 　지금 몇 시야?
릴 리 　지금 7시 15분이야.
샤오예 　몇 시에 아침밥을 먹니?
릴 리 　7시 반에 아침밥을 먹어.
샤오예 　언제 수업 듣니?
릴 리 　오전 8시부터 12시까지 수업 들어.

2 무슨 요일입니까?
릴 리 　오늘이 몇 월 며칠이야?
샤오예 　오늘은 7월 22일이야.
릴 리 　오늘이 무슨 요일이야?
샤오예 　수요일이야.

릴 리 　25일이 일요일이지?
샤오예 　25일은 일요일이 아니라 토요일이야.

3 몇 시에 만날까요?
샤오예 　우리 일요일에 이허위안에 가는 게 어때?
릴 리 　좋지. 언제 출발할까?
샤오예 　오전 9시, 괜찮겠어?
릴 리 　좋아. 몇 시에 만날까?
샤오예 　9시 5분 전에 학교 앞에서 기다릴게.

모범답안 & 녹음대본

01

내공 쌓기

1

① A Nǐ hǎo! 你好!
　B Nǐ hǎo! 你好!

② A Xièxie! 谢谢!
　B Bú kèqi. 不客气。

③ A Duìbuqǐ! 对不起!
　B Méi guānxi! 没关系!

④ A Nín hǎo! 您好!
　B Nǐ hǎo! 你好!

⑤ A, B　Lǎoshī hǎo! 老师好!
　lǎoshī Nǐmen hǎo! 你们好!

⑥ A, B　Lǎoshī, zàijiàn! 老师, 再见!
　lǎoshī Zàijiàn!

⑦ A Qǐng jìn! 请进!
　B Xièxie! 谢谢!

⑧ A Qǐng zuò! 请坐!
　B Xièxie! 谢谢!

---

① A 안녕하세요!
　B 안녕하세요!

② A 고맙습니다!
　B 천만에요.

③ A 죄송합니다!
　B 괜찮습니다!

④ A 안녕하세요!
　B 안녕!

⑤ A, B　선생님, 안녕하세요!
　lǎoshī 얘들아, 안녕!

⑥ A, B　선생님, 안녕히 가세요!
　lǎoshī 잘 가렴!

⑦ A 어서 오세요!
　B 감사합니다!

⑧ A 앉으세요!
　B 감사합니다!

2
① tīng 听 듣다　② shuō 说 말하다
③ dú 读 읽다　④ xiě 写 쓰다

02

발음 연습

4
① fā　② nǚ　③ mù　④ bó
⑤ lì　⑥ dé　⑦ tǐlì　⑧ bīpò
⑨ fúwù　⑩ tǔdì　⑪ tèdì　⑫ nǔlì
⑬ ne　⑭ fó　⑮ pà　⑯ lù

⑰ dú   ⑱ mǐ   ⑲ pùbù   ⑳ dàgē
㉑ tǐyù   ㉒ nǚpú   ㉓ déyì   ㉔ bōli

🔷 내공 쌓기

1

① A Nǐ máng ma? 你忙吗?
  B Wǒ hěn máng. Nǐ ne?
    我很忙。你呢?
  A Wǒ bù máng. 我不忙。

② A Nǐ lèi ma? 你累吗?
  B Wǒ bú lèi. Nǐ ne? 我不累。你呢?
  A Wǒ hěn lèi. 我很累。

③ A Nǐ kě ma? 你渴吗?
  B Wǒ bù kě. Wǒ hěn è.
    我不渴。我很饿。
  A Wǒ yě hěn è. 我也很饿。

① A 너 바쁘니?
  B 매우 바빠. 너는?
  A 난 안 바빠.

② A 너 힘드니?
  B 안 힘들어. 너는?
  A 난 너무 힘들어.

③ A 너 목마르니?
  B 목 안 말라. 나 배고파.
  A 나도 배고파.

03

발음 연습

4
① kǎ   ② hěn   ③ hēi   ④ kàn
⑤ gāng   ⑥ gèng   ⑦ gùkè   ⑧ hángài
⑨ kònggào   ⑩ kāngkǎi   ⑪ hánghǎi   ⑫ gōnghuì
⑬ mǎi   ⑭ pàng   ⑮ tōu   ⑯ lǎo
⑰ pán   ⑱ dǒng   ⑲ nèiháng   ⑳ bǎibèi
㉑ tǎndàng   ㉒ běnnéng   ㉓ máokǒng   ㉔ dǒupō

🔷 내공 쌓기

1

① A Nǐ chī shénme? 你吃什么?
  B Wǒ chī jiǎozi. 我吃饺子。

① A 너 뭐 먹을래?
  B 나 만두(쟈오즈) 먹을래.

② A Nǐmen mǎi shénme? 你们买什么?
  B Wǒ mǎi běnzi. 我买本子。
  C Wǒ mǎi shūbāo. 我买书包。

② A 뭐 찾으세요? (뭐 사실 거예요?)
  B 나는 노트를 살 거예요.
  C 나는 책가방을 살 거예요.

2
① cídiǎn 词典 사전
② shūbāo 书包 책가방
③ běnzi 本子 노트
④ bǐ 笔 펜
⑤ shū 书 책
⑥ mǐfàn 米饭 밥
⑦ miàntiáo 面条 국수
⑧ jiǎozi 饺子 만두(쟈오즈)
⑨ miànbāo 面包 빵
⑩ kāfēi 咖啡 커피
⑪ niúnǎi 牛奶 우유
⑫ chá 茶 차
⑬ Kěkǒu-kělè 可口可乐 코카콜라
⑭ kuàngquánshuǐ 矿泉水 생수

04

발음 연습

4
① jǔ
② xuān
③ qín
④ xiǎo
⑤ jiē
⑥ qiáng
⑦ xiānqián
⑧ jiǎoxìng
⑨ qīngxiàng
⑩ jiājǐn
⑪ xiě jǐng
⑫ quánjūn
⑬ jìn
⑭ xué
⑮ juān
⑯ xiǎng
⑰ qīng
⑱ xiōng
⑲ qīngxìn
⑳ yīnxùn
㉑ jiějué
㉒ qiàqiǎo
㉓ jiānqiáng
㉔ qiánxiàn

내공 쌓기

1
yī 一, èr 二, sān 三, sì 四, wǔ 五, liù 六, qī 七, bā 八, jiǔ 九, shí 十 ……
èrshí 二十, sānshí 三十, sìshí 四十, wǔshí 五十, liùshí 六十, qīshí 七十,
bāshí 八十, jiǔshí 九十 …… jiǔshíbā 九十八, jiǔshíjiǔ 九十九, yìbǎi 一百

2
yìbǎi yuán(kuài) 一百元(块), wǔshí yuán(kuài) 五十元(块), èrshí yuán(kuài) 二十元(块), shí yuán(kuài) 十元(块), wǔ yuán(kuài) 五元(块), yī yuán(kuài) 一元(块)

3 **(1)**

① A Nǐ mǎi shénme? 你买什么?
　B Wǒ mǎi liǎng píng píjiǔ.
　　我买两瓶啤酒。
　　Wǒ mǎi sān píng kělè.
　　我买三瓶可乐。

② A Nǐ mǎi shénme? 你买什么?
　B Wǒ mǎi liǎng bēi niúnǎi.
　　我买两杯牛奶。
　　Wǒ mǎi yì bēi kāfēi.
　　我买一杯咖啡。

③ A Nǐ mǎi shénme? 你买什么?
　B Wǒ mǎi wǔ ge miànbāo.
　　我买五个面包。
　　Wǒ mǎi shí ge bāozi.
　　我买十个包子。

④ A Nǐ mǎi shénme? 你买什么?
　B Wǒ mǎi yì běn běnzi.
　　我买一本本子。
　　Wǒ mǎi sì běn shū.
　　我买四本书。

① A 뭐 사실 거예요?
　B 맥주 두 병 살게요.
　　콜라 세 병 살게요.

② A 뭐 사실 거예요?
　B 우유 두 잔 살게요.
　　커피 한 잔 살게요.

③ A 뭐 사실 거예요?
　B 빵 다섯 개 살게요.
　　찐빵(빠오즈) 열 개 살게요.

④ A 뭐 사실 거예요?
　B 노트 한 권 살게요.
　　책 네 권 살게요.

(2)

① A Yí ge miànbāo duōshao qián?
　　一个面包多少钱?
　B Shísān kuài wǔ. 十三块五。

② A Liǎng bēi kāfēi duōshao qián?
　　两杯咖啡多少钱?
　B Sìshí kuài. 四十块。
　A Yì bēi kělè duōshao qián?
　　一杯可乐多少钱?
　B Shíwǔ kuài. 十五块。

③ A Yìběn cídiǎn duōshao qián?
　　一本词典多少钱?
　B Yìbǎi èrshí kuài. 一百二十块。

④ A Liǎng ge shūbāo duōshao qián?
　　两个书包多少钱?
　B Sìbǎi bāshí kuài. 四百八十块。

① A 빵 하나는 얼마입니까?
　B 13위안 5마오입니다.

② A 커피 두 잔은 얼마입니까?
　B 40위안입니다.
　A 콜라 한 잔은 얼마입니까?
　B 15위안입니다.

③ A 사전 한 권은 얼마입니까?
　B 120위안입니다.

④ A 책가방 두 개는 얼마입니까?
　B 480위안입니다.

4

A Wǒ yào huànqián. 　我要换钱。	A 환전하려고 합니다.
B Huàn duōshao? 　换多少？	B 얼마를 바꾸시겠습니까?
A Huàn sānbǎi měiyuán. 　换三百美元。	A 3백 달러 바꾸겠습니다.

05

발음 연습

4 A.
① zhuā　② shū　③ cuī　④ zuò
⑤ chī　⑥ shuāng　⑦ chūrù　⑧ zhuózhù
⑨ chuánshuō　⑩ zhuīsuí　⑪ zuòzhǔ　⑫ zhùsuǒ
⑬ cuàn　⑭ zūn　⑮ zhuāng　⑯ shuǐ
⑰ zhuō　⑱ chuán　⑲ ruǎnruò　⑳ shuǐzhǔn
㉑ sùshuō　㉒ zhuānzhù　㉓ chuānzhuó　㉔ zuǐchún

B.
① jūnzhuāng　② zhíjiē　③ qiánchéng　④ chūqí
⑤ xīnshǎng　⑥ shíxíng　⑦ suǒxìng　⑧ xiànsuǒ
⑨ xiūsè　⑩ rèliàng　⑪ lìrùn　⑫ hàofèi

내공 쌓기

1

① A Qǐngwèn, yīyuàn zài nǎr?
　　请问，医院在哪儿？
　B Jiù zài nàr. 就在那儿。

① A 말씀 좀 여쭙겠습니다. 병원은 어디에 있습니까?
　B 바로 저기입니다.

② A Qǐngwèn, bā hào lóu zài nǎr?
　　请问，8号楼在哪儿？
　B Duìbuqǐ, wǒ bù zhīdào.
　　对不起，我不知道。

② A 말씀 좀 여쭙겠습니다. 8동은 어디에 있습니까?
　B 죄송하지만 잘 모르겠습니다.

③ A Nǐ qù nǎr? 你去哪儿？
　B Wǒ qù shūdiàn. 我去书店。

③ A 당신은 어디에 갑니까?
　B 나는 서점에 갑니다.

④ A Nǐ qù nǎr? 你去哪儿?
　 B Wǒ qù yóujú. 我去邮局。

⑤ A Tāmen qù nǎr? 他们去哪儿?
　 B Tāmen qù túshūguǎn. 他们去图书馆。

⑥ A Nín(Nǐ) qù nǎr? 您(你)去哪儿?
　 B Wǒ qù Yíhéyuán. 我去颐和园。

④ A 당신은 어디에 갑니까?
　 B 나는 우체국에 갑니다.

⑤ A 그들은 어디에 갑니까?
　 B 그들은 도서관에 갑니다.

⑥ A 어디 가십니까?
　 B 이허위안에 갑니다.

2
① yínháng 银行 은행
② shūdiàn 书店 서점
③ shāngdiàn 商店 상점
④ yīyuàn 医院 병원
⑤ shítáng 食堂 식당
⑥ yóujú 邮局 우체국
⑦ sùshè 宿舍 기숙사
⑧ bàngōngshì 办公室 사무실
⑨ Gùgōng 故宫 고궁
⑩ Yíhéyuán 颐和园 이허위안
⑪ Tiān'ānmén 天安门 톈안먼
⑫ Chángchéng 长城 만리장성

복습 1

Tīngting 듣기

1　(1) tú　　(2) qián　　(3) xuān　　(4) nǚ

2　(2)

> **녹음대본**
> A Nǐ chī shénme? 你吃什么?
> B Wǒ chī miànbāo. 我吃面包。
>
> A 뭐 먹을래요?
> B 나는 빵을 먹을게요.

3
(1) Liǎng bēi kāfēi sìshísì kuài.
　　两杯咖啡四十四块。
(2) Yì bēi niúnǎi shíwǔ kuài.
　　一杯牛奶十五块。
(3) Yì běn cídiǎn yìbǎi wǔshí kuài.
　　一本词典一百五十块。

(1) 커피 두 잔은 44위안입니다.
(2) 우유 한 잔은 15위안입니다.
(3) 사전 한 권은 150위안입니다.

녹음대본

(1) A Liǎng bēi kāfēi duōshao qián?
　　　两杯咖啡多少钱?
　　B Liǎng bēi kāfēi sìshísì kuài.
　　　两杯咖啡四十四块。

(2) A Yì bēi niúnǎi duōshao qián?
　　　一杯牛奶多少钱?
　　B Yì bēi niúnǎi shíwǔ kuài.
　　　一杯牛奶十五块。

(3) A Yì běn cídiǎn duōshao qián?
　　　一本词典多少钱?
　　B Yì běn cídiǎn yìbǎi wǔshí kuài.
　　　一本词典一百五十块。

(1) A 커피 두 잔은 얼마입니까?
　　B 커피 두 잔은 44위안입니다.

(2) A 우유 한 잔은 얼마입니까?
　　B 우유 한 잔은 15위안입니다.

(3) A 사전 한 권은 얼마입니까?
　　B 사전 한 권은 150위안입니다.

Dúdu 읽기

3 (1) ③　　(2) ④

Shuōshuo 말하기

1
A Nǐ hǎo ma? 你好吗?
B Wǒ hěn hǎo. Nǐ ne? 我很好。你呢?
A Wǒ yě hěn hǎo. Nǐ zuìjìn máng ma?
　我也很好。你最近忙吗?
B Wǒ bú tài máng. Nǐ ne?
　我不太忙。你呢?
A Wǒ zuìjìn bǐjiào máng. 我最近比较忙。
　Nǐ bàba、māma shēntǐ hǎo ma?
　你爸爸、妈妈身体好吗?
B Tāmen dōu shēntǐ hěn hǎo. Xièxie.
　他们都身体很好。谢谢。
A Zàijiàn. 再见。
B Zàijiàn. 再见。

A 잘 지내니?
B 잘 지내. 너는?
A 나도 잘 지내. 너 요즘 바쁘니?
B 그다지 바쁘지 않아. 너는?
A 나는 요즘 좀 바빠. 너희 아버지, 어머니는 건강하시니?
B 두 분 다 건강하셔. 고마워.
A 잘 가.
B 잘 가.

2
A Nǐ qù nǎr? 你去哪儿?
B Wǒ qù xuéxiào. 我去学校。

A 당신은 어디에 갑니까?
B 나는 학교에 갑니다.

A　Nǐ qù nǎr? 你去哪儿? B　Wǒ qù yínháng. 我去银行。	A　당신은 어디에 갑니까? B　나는 은행에 갑니다.
A　Tā qù nǎr? 他去哪儿? B　Tā qù yóujú. 他去邮局。	A　그는 어디에 갑니까? B　그는 우체국에 갑니다.
A　Zhāng lǎoshī qù nǎr? 　　张老师去哪儿? B　Tā qù yīyuàn. 她去医院。	A　장 선생님은 어디에 가십니까? B　그녀는 병원에 갑니다.

3

A　Zhè jiàn yīfu duōshao qián? 　　这件衣服多少钱? B　Nà jiàn yīfu sānbǎi kuài. 　　那件衣服三百块。	A　이 옷은 얼마입니까? B　그 옷은 300위안입니다.
A　Zhè běn cídiǎn duōshao qián? 　　这本词典多少钱? B　Nà běn cídiǎn yìbǎi bāshí kuài. 　　那本词典一百八十块。	A　이 사전은 얼마입니까? B　그 사전은 180위안입니다.
A　Píngguǒ yì jīn duōshao qián? 　　苹果一斤多少钱? B　Yì jīn qī kuài wǔ máo. 　　一斤七块五毛。	A　사과 한 근은 얼마입니까? B　한 근에 7.5위안입니다.

Xièxie 쓰기

1 (1)

A　Xièxie! 谢谢! B　Bú kèqi! 不客气!	A　고맙습니다! B　천만에요!

(2)

A　Duìbuqǐ! 对不起! B　Méi guānxi! 没关系!	A　죄송합니다! B　괜찮습니다!

2 (1)

Qǐngwèn, yóujú zài nǎr? 请问，邮局在哪儿?	말씀 좀 여쭙겠습니다. 우체국이 어디에 있습니까?

| (2) Liǎng běn běnzi duōshao qián?
两本本子多少钱? | 노트 두 권은 얼마입니까? |

3 (1) 먹다　　(2) 모두　　(3) 원하다, 바라다, ~할 것이다　　(4) 알다

06

어법 다지기 | 문제로 확인

1 중국어의 일반적인 어순

| ① 这是笔。
② 书很新。
③ 他是韩国人。 | ① 이것은 펜이다.
② 책은 새것이다.
③ 그는 한국인이다. |

2 '是' 자문

| ① 她不是留学生，是老师。
② 这不是啤酒，是矿泉水。
③ 这是词典，不是汉语书。 | ① 그는 유학생이 아니고, 선생님이다.
② 이것은 맥주가 아니고, 생수이다.
③ 이것은 사전이지, 중국어책이 아니다. |

3 관형어와 구조조사 '的'

| ① 这是西蒙的书。
② 这不是A班的教室。 | ① 이것은 사이먼의 책이다.
② 여기는 A반의 교실이 아니다. |

4 형용사술어문

| ① 她是我妹妹，她很漂亮。
② 他是我朋友，他很帅。
③ 这是汉语书，书很新。 | ① 그녀는 내 여동생인데, 매우 예쁘다.
② 그는 내 친구인데, 매우 잘생겼다.
③ 이것은 중국어책인데, 매우 새것이다. |

내공 쌓기

1 (1)

我来介绍一下，我是韩国留学生○○○，我学习汉语。 他们是我们班的同学，他是美国人，她是日本人。他们也学习汉语，他们都很努力。 这是我的汉语书，这本书很难，不过很有意思。那是我同学的汉语词典，那本书很厚。	제가 소개 좀 하겠습니다. 저는 한국 유학생 ○○○이고, 중국어를 공부합니다. 저 사람들은 우리 반 친구인데, 저 사람은 미국인이고, 저 사람은 일본인입니다. 그들도 중국어를 배우는데, 모두 열심히 합니다. 이것은 내 중국어책입니다. 이 책은 매우 어렵지만 아주 재미있습니다. 저것은 내 학우의 중국어 사전인데, 저 책은 매우 두껍습니다.

(2)

❶ 这是我的朋友，他是中国人，他很帅。他学习韩语，他很努力。 ❷ 这是我们老师的女儿，她很可爱。 ❸ 这是我们的教室，我们的教室很大。	❶ 이 사람은 내 친구인데, 그는 중국인이고 매우 잘생겼습니다. 그는 한국어를 배우는데, 매우 열심히 합니다. ❷ 얘는 우리 선생님 딸인데, 매우 귀엽습니다. ❸ 여기는 우리 교실인데, 우리 교실은 매우 큽니다.

2 ❶ B   ❷ A   ❸ C

녹음대본

A 这是保罗的爱人。她很漂亮。她也学习汉语。 **B** 这是我姐姐的女儿。她很聪明，也很可爱。 **C** 这是我哥哥。他是老师。他很帅。	**A** 이 사람은 폴의 아내이다. 그녀는 매우 예쁘다. 그녀도 중국어를 배운다. **B** 얘는 우리 누나의 딸이다. 그녀는 매우 똑똑하고, 귀엽다. **C** 이 사람은 우리 형(오빠)이다. 그는 선생님이고, 아주 잘생겼다.

07

어법 다지기 | 문제로 확인

1 주술술어문

❶ A 保罗身体怎么样? 　B <u>他身体很好</u>。 　A 保罗成绩怎么样? 　B <u>他成绩非常好</u>。	❶ A 폴은 건강이 어떻습니까? 　B 그는 매우 건강합니다. 　A 폴은 성적이 어떻습니까? 　B 그는 성적이 매우 좋습니다.

② 莉莉头发很长。 | ② 릴리는 머리카락이 매우 길다.
莉莉眼睛很大。 | 릴리는 눈이 매우 크다.
莉莉个子很高。 | 릴리는 키가 매우 크다.

③ 我们的教室比较大。 | ③ 우리 교실은 비교적 크다.

④ 我们的食堂不错。 | ④ 우리 식당은 좋다.

❸ 정반의문문

① A 他身体好吗? | ① A 그는 건강합니까?
B 他身体不好。 | B 그는 건강하지 않습니다.

② A 她是医生吗? | ② A 그녀는 의사입니까?
B 她是医生。 | B 그녀는 의사입니다.

③ A 参加欢迎大会的人多不多? | ③ A 환영회에 참석한 사람은 많습니까?
B 参加欢迎大会的人非常多。 | B 환영회에 참석한 사람은 매우 많습니다.

④ A 你的宿舍离教室远不远? | ④ A 당신의 기숙사는 교실에서 멉니까?
B 我的宿舍离教室很近。 | B 내 기숙사는 교실에서 매우 가깝습니다.

❹ '有'자문

① A 宿舍里有床吗? | ① A 기숙사에 침대가 있습니까?
B 有。 | B 있습니다.
A 宿舍里有空调吗? | A 기숙사에 에어컨이 있습니까?
B 没有。 | B 없습니다.

② A 莉莉有哥哥吗? | ② A 릴리는 오빠가 있습니까?
B 有。 | B 있습니다.
A 莉莉有妹妹吗? | A 릴리는 여동생이 있습니까?
B 没有。 | B 없습니다.

내공 쌓기

1

A 最近你身体好吗?	A 요즘 건강은 어때?
B 很好,谢谢!你呢?	B 좋아. 고마워! 너는?
A 我不太好,因为工作比较忙,太累了。	A 나는 별로 좋지 않아. 일이 좀 바빠서 너무 피곤해.
B 是吗?多多休息,注意身体。	B 그래? 푹 쉬고 건강 조심해.
A 谢谢!你汉语学习怎么样?	A 고마워! 중국어 공부는 어때?
B 汉语真不好学,不过很有意思。	B 중국어는 정말 배우기 쉽지 않아. 하지만 재미있어.
A 有意思就好了,你的汉语已经很不错。	A 재미있으면 됐지. 네 중국어는 이미 훌륭한걸.
B 谢谢,我要努力学习。	B 고마워. 열심히 공부해야지.
A 你宿舍有同屋吗?	A 기숙사에 룸메이트 있어?
B 有。	B 있어.
A 他也是韩国人吗?	A 그 사람도 한국인이야?
B 不是,他是美国人。	B 아니, 그는 미국인이야.
A 他也学习汉语吗?	A 그 사람도 중국어를 공부하니?
B 是,他学习非常努力。	B 응. 그는 매우 열심히 공부해.
A 宿舍离教室远不远?	A 기숙사는 교실에서 멀어?
B 不太远,走路五分钟就到。	B 그다지 멀지 않아. 걸어서 5분이면 도착해.
A 明天晚上我请你吃中国菜,怎么样?	A 내일 저녁에 내가 중국 요리를 대접하면 어떨까?
B 明天晚上我有事,后天好吗?	B 내일 저녁에 일이 있는데, 모레도 괜찮아?
A 好,后天晚上见吧。	A 좋아. 모레 저녁에 만나.
B 再见!	B 안녕!

2

我们的教室非常大。/ 他的女儿非常聪明。	우리 교실은 매우 크다. / 그의 딸은 매우 똑똑하다.
我的宿舍很小。/ 她的同学很漂亮。	내 기숙사는 매우 작다. / 그녀의 학우는 매우 예쁘다.
邮局离这儿挺远的。/ 她的哥哥挺帅的。	우체국은 여기에서 매우 멀다. / 그녀의 오빠는 매우 잘생겼다.
我的宿舍离教室比较近。/ 他的同学比较高。	내 기숙사는 교실에서 비교적 가깝다. / 그의 학우는 비교적 키가 크다.
我们学校的留学生不太多。/ 我的汉语成绩马马虎虎。	우리 학교는 유학생이 그다지 많지 않다. / 내 중국어 성적은 그저 그렇다.
她的发音好极了。/ 我们学校的食堂不错。	그녀의 발음은 매우 좋다. / 우리 학교 식당은 좋다.

3

| 保罗个子很高，眼睛比较大，非常喜欢喝啤酒，中间喝啤酒的人就是保罗。 | 폴은 키가 매우 크고, 눈이 비교적 크다. 맥주 마시는 것을 아주 좋아한다. 중간에 맥주를 마시고 있는 사람이 바로 폴이다. |

녹음대본

| 我同屋保罗是德国人。他个子很高，眼睛比较大。他非常喜欢喝啤酒。我们是好朋友。 | 내 룸메이트인 폴은 독일인이다. 그는 키가 매우 크고, 눈이 비교적 크다. 그는 맥주 마시는 것을 아주 좋아한다. 우리는 좋은 친구이다. |

08

어법 다지기 | 문제로 확인

1 의문문(2)

(1)

❶ A 这是什么? B 这是词典。	❶ A 이것은 무엇입니까? B 이것은 사전입니다.
❷ A 她是谁? B 她是我同屋。	❷ A 그녀는 누구입니까? B 그녀는 내 룸메이트입니다.
❸ A 你去哪儿? B 我去邮局。	❸ A 당신은 어디에 갑니까? B 나는 우체국에 갑니다.
❹ A 他是哪国人? B 他是法国人。	❹ A 그는 어느 나라 사람입니까? B 그는 프랑스인입니다.
❺ A 你叫什么名字? B 我叫小雨。 A 您贵姓? B 我姓张。	❺ A 당신의 이름은 무엇입니까? B 내 이름은 샤오위입니다. A 당신의 성씨는 무엇입니까? B 나는 장씨입니다.
❻ A 她在哪儿学习? B 她在图书馆学习。 A 他在房间做什么? B 他在房间睡觉。	❻ A 그녀는 어디에서 공부합니까? B 그녀는 도서관에서 공부합니다. A 그는 방에서 무엇을 합니까? B 그는 방에서 잠을 잡니다.
❼ A 您说什么? B 我说"这儿离天安门比较远"。	❼ A 당신은 뭐라고 말했습니까? B "여기는 톈안먼에서 비교적 멉니다."라고 말했습니다.

❷ 개사구조

① 下午我在房间休息。 ② 晚上他在宿舍看电视。 ③ 保罗跟朋友一起喝啤酒。 ④ 莉莉跟同屋一起去书店。	① 오후에 나는 방에서 쉰다. ② 저녁에 그는 기숙사에서 텔레비전을 본다. ③ 폴은 친구와 함께 맥주를 마신다. ④ 릴리는 룸메이트와 함께 서점에 간다.

❸ '几'와 '多少'

① A 小雨有几个妹妹? 　B 小雨有两个妹妹。 ② A 办公室里有几位老师? 　B 办公室里有三位老师。 ③ A 他的房间号是多少号? 　B 他的房间号是317号。 ④ A 他的电话号码是多少? 　B 他的电话号码是62311326。	① A 샤오위는 여동생이 몇 명 있습니까? 　B 샤오위는 여동생이 두 명 있습니다. ② A 사무실에 선생님이 몇 분 계십니까? 　B 사무실에 선생님이 세 분 계십니다. ③ A 그의 방은 몇 호입니까? 　B 그의 방은 317호입니다. ④ A 그의 전화번호는 몇 번입니까? 　B 그의 전화번호는 62311326입니다.

❹ 수량사가 관형어로 쓰이는 경우

① 一个学生 한 학생　　② 两本书 두 권의 책
③ 三个哥哥 세 명의 오빠(형)　　④ 四本词典 네 권의 사전
⑤ 五位老师 다섯 분의 선생님　　⑥ 六瓶矿泉水 여섯 병의 생수
⑦ 七杯牛奶 일곱 잔의 우유　　⑧ 八个朋友 여덟 명의 친구

내공 쌓기

1

① 中国学生　你好! 　李秀智　　你好! 　中国学生　你叫什么名字? 　李秀智　　我叫李秀智(Lǐ xiùzhì)。 　中国学生　你是哪国人? 　李秀智　　我是韩国人。 　中国学生　你学习什么?	① 중국 학생　안녕! 　이수지　　안녕! 　중국 학생　네 이름은 뭐니? 　이수지　　내 이름은 이수지야. 　중국 학생　너는 어느 나라 사람이니? 　이수지　　나는 한국인이야. 　중국 학생　너는 무엇을 공부하니?

李秀智	我在北京大学学习汉语。		이수지	나는 베이징대학에서 중국어를 공부해.
中国学生	你们班有多少学生?		중국 학생	너희 반에는 학생이 몇 명 있니?
李秀智	我们班有十二个学生，五个男学生，七个女学生。		이수지	우리 반에는 열두 명의 학생이 있어. 남학생 다섯 명, 여학생 일곱 명이야.
中国学生	几位老师教你们?		중국 학생	선생님 몇 분이 너희를 가르치시니?
李秀智	两位老师教我们。		이수지	선생님 두 분이 우리를 가르치셔.
中国学生	你成绩好吗?		중국 학생	성적은 좋니?
李秀智	我成绩挺不错。		이수지	내 성적은 아주 좋아.
中国学生	你住在哪儿?		중국 학생	너 어디에 살아?
李秀智	我住在留学生宿舍。		이수지	유학생 기숙사에서 살아.
中国学生	你的房间是多少号?		중국 학생	네 방은 몇 호야?
李秀智	我的房间是205号。		이수지	내 방은 205호야.
中国学生	你的电话号码是多少?		중국 학생	네 전화번호는 몇 번이야?
李秀智	我的电话号码是62752114。		이수지	내 전화번호는 62752114야.

❷ B 今天你做什么?
A 今天我去看电影。
B 是什么电影?
A 是一部中国电影，电影名是《你好!北京》。
B 你跟谁一起去?
A 我跟我的中国朋友一起去，今天下午你做什么?
B 今天下午我去商店买巧克力。
A 你喜欢吃巧克力吗?
B 我不喜欢吃巧克力，我的女朋友喜欢吃巧克力。

❷ B 오늘 너 뭐 해?
A 오늘 나 영화 보러 가.
B 무슨 영화인데?
A 중국 영화야. 영화 제목은 《안녕! 베이징》이야.
B 누구와 같이 가는데?
A 중국 친구랑 같이 가. 오늘 오후에 너 뭐 해?
B 오늘 오후에 나는 초콜릿 사러 상점에 가.
A 너 초콜릿 좋아하니?
B 초콜릿 안 좋아해. 내 여자 친구가 초콜릿을 좋아해.

2
姓名(이름)　　大卫　데이비드
国籍(국적)　　法国　프랑스
职业(직업)　　留学生　유학생
住址(주소)　　留学生宿舍1407号　유학생 기숙사 1407호
电话(전화)　　82307438

녹음대본

大卫是法国留学生，他住留学生宿舍1407号房间，他的电话号码是82307438。

데이비드는 프랑스 유학생이다. 그는 유학생 기숙사 1407호에서 산다. 그의 전화번호는 823074380이다.

09

어법 다지기 | 문제로 확인

1 가족 수를 묻는 표현

① A 你哥哥家有几口人? B 我哥哥家有三口人。	① A 당신 형(오빠)은 가족이 몇 명입니까? B 우리 형(오빠)은 가족이 세 명입니다.
② A 王老师家有几口人? B 王老师家有六口人。	② A 왕 선생님은 가족이 몇 명입니까? B 왕 선생님은 가족이 여섯 명입니다.
③ A 你姐姐家有几口人? B 我姐姐家有两口人。	③ A 당신 누나(언니)는 가족이 몇 명입니까? B 우리 누나(언니)는 가족이 두 명입니다.

2 직업을 묻는 표현

① A 他做什么工作? B 他是售货员。	① A 그는 무슨 일을 합니까? B 그는 판매원입니다.
② A 他做什么工作? B 他是经理。	② A 그는 무슨 일을 합니까? B 그는 사장입니다.
③ A 他是做什么工作的? B 他是司机。	③ A 그는 무슨 일을 합니까? B 그는 기사입니다.

3 나이를 묻는 표현

① A 小叶的爷爷和奶奶今年多大年纪? B 小叶的爷爷今年八十岁，小叶的奶奶今年七十八岁。	① A 샤오예의 할아버지, 할머니는 올해 연세가 어떻게 되십니까? B 샤오예의 할아버지는 올해 여든 살이시고, 샤오예의 할머니는 올해 일흔여덟 살이십니다.
② A 直美的哥哥今年多大? B 直美的哥哥今年三十二岁。	② A 나오미의 오빠는 올해 몇 살입니까? B 나오미의 오빠는 올해 서른두 살입니다.
③ A 保罗的女儿今年几岁? B 保罗的女儿今年五岁。	③ A 폴의 딸은 올해 몇 살입니까? B 폴의 딸은 올해 다섯 살입니다.

🟢 내공 쌓기

1

❶ 李朋　您在哪儿工作?
　张明　我在北京新安书店工作，我是经理。您在哪儿工作?
　李朋　我在北京大学医院工作，我是医生。

❷ 老师　　你今年几岁?
　王小朋　我今年五岁。
　老师　　你家有几口人?
　王小朋　我家有四口人。
　老师　　你家都有什么人?
　王小朋　爸爸、妈妈、弟弟和我。
　老师　　你爸爸今年多大年纪?
　王小朋　我爸爸今年三十五岁。
　老师　　你爸爸在哪儿工作?
　王小朋　他在公司工作，是职员。
　老师　　你妈妈今年多大年纪?
　王小朋　我妈妈今年三十二岁。
　老师　　你妈妈在哪儿工作?
　王小朋　她是老师。
　老师　　你弟弟今年几岁?
　王小朋　他今年也五岁，我们是双胞胎。
　老师　　你喜欢什么?
　王小朋　我喜欢看动画片，喜欢吃冰淇淋，也喜欢喝可口可乐。
　老师　　你每天和谁一起来幼儿园?
　王小朋　我每天和弟弟王小友(Wáng Xiǎoyǒu)一起来。

❶ 리펑　　당신은 어디에서 일합니까?
　장밍　　나는 베이징 신안서점에서 일합니다. 매니저예요. 당신은 어디에서 일합니까?
　리펑　　나는 베이징대학병원에서 일합니다. 의사입니다.

❷ 선생님　　너 올해 몇 살이니?
　왕샤오펑　저는 올해 다섯 살이에요.
　선생님　　너희 가족은 몇 명이니?
　왕샤오펑　우리 가족은 네 명이에요.
　선생님　　너희 집에는 누구누구 있니?
　왕샤오펑　아빠, 엄마, 남동생과 저예요.
　선생님　　너희 아빠는 올해 몇 살이시니?
　왕샤오펑　우리 아빠는 올해 서른다섯 살이에요.
　선생님　　너희 아빠는 어디에서 일하시니?
　왕샤오펑　회사에서 일하는 직원이에요.
　선생님　　너희 엄마는 올해 몇 살이시니?
　왕샤오펑　우리 엄마는 올해 서른두 살이에요.
　선생님　　너희 엄마는 어디에서 일하시니?
　왕샤오펑　엄마는 선생님이에요.
　선생님　　네 동생은 올해 몇 살이니?
　왕샤오펑　동생도 올해 다섯 살이에요. 우리는 쌍둥이예요.
　선생님　　너는 뭘 좋아하니?
　왕샤오펑　저는 만화영화 보는 거 좋아하고, 아이스크림 먹는 거 좋아하고, 코카콜라 마시는 것도 좋아해요.
　선생님　　매일 누구와 함께 유치원에 오니?
　왕샤오펑　매일 동생 왕샤오여우와 함께 와요.

2

❶ A 她做什么工作?
　B 她是售货员。

❷ A 她是做什么工作的?
　B 她是老师。

❶ A 그녀는 무슨 일을 합니까?
　B 그녀는 판매원입니다.

❷ A 그녀는 무슨 일을 합니까?
　B 그녀는 선생님입니다.

❸ A 他今年几岁?
　 B 他今年六岁。

❸ A 그는 올해 몇 살입니까?
　 B 그는 올해 여섯 살입니다.

3 ❶ B　　❷ B　　❸ A　　❸ C

녹음대본

王老师家有四口人。王老师的爱人今年四十七岁。他在医院工作，是大夫。王老师的大女儿在商店工作，是售货员。王老师的二女儿不工作，她是学生。

왕 선생님 가족은 네 명이다. 왕 선생님의 남편은 올해 마흔일곱 살이고, 병원에서 일하는 의사이다. 왕 선생님의 큰딸은 상점에서 일하는 판매원이다. 왕 선생님의 둘째 딸은 일하지 않는다. 그녀는 학생이다.

10

어법 다지기 | 문제로 확인

❷ 시간 표현법

●
❶ A 现在几点?
　 B 现在<u>一点零五(分)</u>。

❷ A 现在几点?
　 B 现在<u>两点一刻 / 两点十五(分)</u>。

❸ A 现在几点?
　 B 现在<u>三点二十(分)</u>。

❹ A 现在几点?
　 B 现在<u>四点三十分(半)</u>。

❺ A 现在几点?
　 B 现在<u>六点四十(分)</u>。

❻ A 现在几点?
　 B 现在<u>差五分七点</u>。

❶ A 지금 몇 시입니까?
　 B 지금 1시 5분입니다.

❷ A 지금 몇 시입니까?
　 B 지금 2시 15분입니다.

❸ A 지금 몇 시입니까?
　 B 지금 3시 20분입니다.

❹ A 지금 몇 시입니까?
　 B 지금 4시 30분입니다.

❺ A 지금 몇 시입니까?
　 B 지금 6시 40분입니다.

❻ A 지금 몇 시입니까?
　 B 지금 6시 55분입니다.

●
❶ A 他早上几点<u>上课</u>?
　 B 他早上<u>八点上课</u>。

❶ A 그는 아침 몇 시에 수업을 듣습니까?
　 B 그는 아침 8시에 수업을 듣습니다.

❷ A 他几点下课?
B 他十二点下课。

❸ A 他几点吃午饭?
B 他十二点二十(分)吃午饭。

❹ A 他什么时候学习?
B 他从两点到四点学习。

❺ A 他什么时候吃晚饭?
B 他六点半吃晚饭。

❻ A 他几点睡觉?
B 他十点四十五(分)睡觉。 / 他差一刻十一点睡觉。

❷ A 그는 몇 시에 수업이 끝납니까?
B 그는 12시에 수업이 끝납니다.

❸ A 그는 몇 시에 점심밥을 먹습니까?
B 그는 12시 20분에 점심밥을 먹습니다.

❹ A 그는 언제 공부를 합니까?
B 그는 2시부터 4시까지 공부를 합니다.

❺ A 그는 언제 저녁밥을 먹습니까?
B 그는 6시 반에 저녁밥을 먹습니다.

❻ A 그는 몇 시에 잠을 잡니까?
B 그는 10시 45분에 잠을 잡니다. / 그는 11시 15분 전에 잠을 잡니다.

❸ 연월일 및 요일 표현법

❶ A 大前天几月几号?
B 大前天5月19号。
A 大前天星期几?
B 大前天星期日。

❷ A 前天几月几号?
B 前天5月20号。
A 前天星期几?
B 前天星期一。

❸ A 昨天几月几号?
B 昨天5月21号。
A 昨天星期几?
B 昨天星期二。

❹ A 明天几月几号?
B 明天5月23号。
A 明天星期几?
B 明天星期四。

❶ A 그끄저께는 몇 월 며칠입니까?
B 그끄저께는 5월 19일입니다.
A 그끄저께는 무슨 요일입니까?
B 그끄저께는 일요일입니다.

❷ A 그저께는 몇 월 며칠입니까?
B 그저께는 5월 20일입니다.
A 그저께는 무슨 요일입니까?
B 그저께는 월요일입니다.

❸ A 어제는 몇 월 며칠입니까?
B 어제는 5월 21일입니다.
A 어제는 무슨 요일입니까?
B 어제는 화요일입니다.

❹ A 내일은 몇 월 며칠입니까?
B 내일은 5월 23일입니다.
A 내일은 무슨 요일입니까?
B 내일은 목요일입니다.

⑤ A 后天几月几号?
B 后天5月24号。
A 后天星期几?
B 后天星期五。

⑥ A 大后天几月几号?
B 大后天5月25号。
A 大后天星期几?
B 大后天星期六。

A 你的生日是几月几号?
B 我的生日是九月十五号。

⑤ A 모레는 몇 월 며칠입니까?
B 모레는 5월 24일입니다.
A 모레는 무슨 요일입니까?
B 모레는 금요일입니다.

⑥ A 글피는 몇 월 며칠입니까?
B 글피는 5월 25일입니다.
A 글피는 무슨 요일입니까?
B 글피는 토요일입니다.

A 당신의 생일은 몇 월 며칠입니까?
B 내 생일은 9월 15일입니다.

내공 쌓기

1

① 我 我们一起学习太极拳，怎么样?
朋友 很好，太极拳学习班什么时候开始?
我 4月27号开始。
朋友 什么时候结束?
我 5月15号结束。
朋友 星期几上课?
我 每星期一、三、五上课。
朋友 几点上课?
我 从下午4点15到5点45上课。
朋友 什么时候报名?
我 4月18号上午8点到11点半。
朋友 在哪儿报名?
我 在留学生办公室报名。

② 小王 下午我们去书店，好不好?
小李 好啊，你什么时候吃午饭?
小王 我12点半吃午饭，你呢?
小李 我11点45分吃午饭。
小王 下午2点出发，行吗?
小李 行。咱们几点见面?
小王 1点55分，我在宿舍楼门口等你。

① 나 우리 같이 태극권을 배우는 게 어때?
친구 좋아. 태극권 학습반은 언제 시작하지?
나 4월 27일에 시작해.
친구 언제 끝이 나지?
나 5월 15일에 끝나.
친구 무슨 요일에 수업해?
나 매주 월, 수, 금요일에 수업해.
친구 몇 시에 수업을 해?
나 오후 4시 15분부터 5시 45분에 수업해.
친구 언제 신청하지?
나 4월 18일 오전 8시부터 11시 반까지야.
친구 어디에서 신청해?
나 유학생 사무실에서 신청해.

② 샤오왕 오후에 우리 서점에 가는 게 어때?
샤오리 좋아, 너 언제 점심밥 먹어?
샤오왕 12시 반에 먹어. 너는?
샤오리 나는 11시 45분에 점심밥을 먹어.
샤오왕 오후 2시에 출발하자, 괜찮니?
샤오리 괜찮아. 우리 몇 시에 만날까?
샤오왕 1시 55분에 내가 기숙사 입구에서 기다릴게.

2

我的一天	나의 하루
我每天七点起床，七点半吃早饭，从九点到一点上课，中午一点半吃午饭，从下午两点半到五点半在图书馆学习，从六点到七点学太极拳，七点半吃晚饭，从九点到十点看电视，十一点半睡觉。	나는 매일 7시에 일어나서 7시 반에 아침밥을 먹고, 9시부터 1시까지 수업을 듣는다. 낮 1시 반에 점심밥을 먹고, 오후 2시 반부터 5시 반까지 도서관에서 공부한다. 6시부터 7시까지 태극권을 배우고, 7시 반에 저녁밥을 먹는다. 9시부터 10시까지 텔레비전을 보고, 11시 반에 잠을 잔다.

3

녹음대본

老师问小明："今天几号？"小明回答："今天7月22号。"老师说："很好。你的生日是几月几号？"小明回答："我的生日是8月3号。"老师问："你的生日是哪年？"小明回答："每年，老师。"	선생님이 샤오밍에게 물었다. "오늘이 며칠이니?" 샤오밍이 대답했다. "오늘은 7월 22일이에요." 선생님이 말했다. "좋아. 네 생일은 몇 월 며칠이니?" 샤오밍이 대답했다. "제 생일은 8월 3일이에요." 선생님이 물었다. "네 생일은 몇 년도이니?" 샤오밍이 대답했다. "매년이요, 선생님."

복습 2

🔷 Tīngting 듣기

1 (1) 差五分三点 2시 55분   (2) 八点半 8시 반

2 (1) ×   (2) ○   (3) ○   (4) ×

녹음대본

A 你学习什么？ B 我学习汉语。 A 你在哪儿学习？ B 我在北京大学学习。 A 你们班有多少学生？ B 我们班有十四个学生。 A 几位老师教你们？ B 两位老师教我们。	A 너는 무엇을 공부하니? B 나는 중국어를 공부해. A 너는 어디에서 공부하니? B 베이징대학에서 공부해. A 너희 반에는 몇 명의 학생이 있니? B 우리 반에는 14명의 학생이 있어. A 몇 분의 선생님께서 너희를 가르치시니? B 두 분의 선생님께서 우리를 가르치셔.

3 (1) 今天十一月二十五号。 오늘은 11월 25일입니다.
(2) 今天星期天。 오늘은 일요일입니다.
(3) 二十八号是星期三。 28일은 수요일입니다.

> **녹음대본**
> A 今天几月几号?
> B 今天十一月二十五号。
> A 今天星期几?
> B 今天星期天。
> A 二十八号是星期四吧?
> B 二十八号不是星期四，是星期三。

> A 오늘은 몇 월 며칠입니까?
> B 오늘은 11월 25일입니다.
> A 오늘은 무슨 요일입니까?
> B 오늘은 일요일입니다.
> A 28일은 목요일이지요?
> B 28일은 목요일이 아니라, 수요일입니다.

Dúdu 읽기

1 (1) 公司职员 회사원　　(2) 老师 선생님

2 (1) ✗　　(2) ○　　(3) ✗　　(4) ○

Shuōshuo 말하기

1
| 我们班的汉语老师是中国人。他姓张，我们叫他张老师。他今年三十五岁，他的生日是八月二十六号。他有一个妹妹。学生们都喜欢张老师。 | 우리 반 중국어 선생님은 중국인입니다. 그는 성이 장씨입니다. 우리는 그를 장 선생님이라고 부릅니다. 그는 올해 35세이고, 그의 생일은 8월 26일입니다. 그는 여동생이 한 명 있습니다. 학생들은 모두 장 선생님을 좋아합니다. |

2
| A 张老师的电话号码是多少? | A 장 선생님의 전화번호는 몇 번입니까? |
| B 张老师的电话号码是一二三四五六七八。 | B 장 선생님의 전화번호는 12345678번입니다. |

3
A 你每天几点睡觉?	A 당신은 매일 몇 시에 잠을 잡니까?
B 我每天十二点半睡觉。	B 나는 매일 12시 반에 잠을 잡니다.
A 你每天几点起床?	A 당신은 매일 몇 시에 일어납니까?
B 我每天早上七点十五分起床。	B 나는 매일 아침 7시 15분에 일어납니다.

모범답안 & 녹음대본

Xiěxie 쓰기

1
(1) 你的电话号码是<u>多少</u>?   (1) 당신의 전화번호는 몇 번입니까?
(2) 你是做<u>什么</u>工作的?   (2) 당신은 무슨 일을 합니까?
(3) 我<u>在</u>北京大学学习。   (3) 나는 베이징대학에서 공부합니다.
(4) 我们班<u>有</u>十五个学生。   (4) 우리 반에는 15명의 학생이 있습니다.

2
(1) 매일 오후에 당신은 무엇을 합니까? → <u>每天下午你做什么</u>?
(2) 나는 친구와 함께 도서관에 갑니다. → <u>我跟朋友一起去图书馆</u>。
(3) 당신의 누나는 어디에서 일합니까? → <u>你姐姐在哪儿工作</u>?
(4) 당신의 아이는 올해 몇 살입니까? → <u>你的孩子今年几岁</u>?

3
(1) 你的房间大不大?   (1) 당신의 방은 큽니까?
(2) 宿舍里有没有电视?   (2) 기숙사에 텔레비전이 있습니까?
(3) 你的公司离家远不远?   (3) 당신의 회사는 집에서 멉니까?
(4) 你们学校留学生多不多?   (4) 당신들 학교에는 유학생이 많습니까?

한어병음자모 배합표

	a	o	★e	i(-i)	u	ü	ai	ao	an	ang	ou	ong	★ei	★en	★eng	er	ia
b	ba	bo		bi	bu		bai	bao	ban	bang			bei	ben	beng		
p	pa	po		pi	pu		pai	pao	pan	pang	pou		pei	pen	peng		
m	ma	mo	me	mi	mu		mai	mao	man	mang	mou		mei	men	meng		
f	fa	fo			fu				fan	fang	fou		fei	fen	feng		
d	da		de	di	du		dai	dao	dan	dang	dou	dong	dei	den	deng		
t	ta		te	ti	tu		tai	tao	tan	tang	tou	tong			teng		
n	na		ne	ni	nu	nü	nai	nao	nan	nang	nou	nong	nei	nen	neng		
l	la		le	li	lu	lü	lai	lao	lan	lang	lou	long	lei		leng		lia
g	ga		ge		gu		gai	gao	gan	gang	gou	gong	gei	gen	geng		
k	ka		ke		ku		kai	kao	kan	kang	kou	kong	kei	ken	keng		
h	ha		he		hu		hai	hao	han	hang	hou	hong	hei	hen	heng		
j				ji	ju												jia
q				qi	qu												qia
x				xi	xu												xia
zh	zha		zhe	zhi	zhu		zhai	zhao	zhan	zhang	zhou	zhong	zhei	zhen	zheng		
ch	cha		che	chi	chu		chai	chao	chan	chang	chou	chong		chen	cheng		
sh	sha		she	shi	shu		shai	shao	shan	shang	shou		shei	shen	sheng		
r			re	ri	ru			rao	ran	rang	rou	rong		ren	reng		
z	za		ze	zi	zu		zai	zao	zan	zang	zou	zong	zei	zen	zeng		
c	ca		ce	ci	cu		cai	cao	can	cang	cou	cong		cen	ceng		
s	sa		se	si	su		sai	sao	san	sang	sou	song		sen	seng		
성모가 없을 때	a	o	e	yi	wu	yu	ai	ao	an	ang	ou		ei	en	eng	er	ya

운모 'ü'가 성모 'j', 'q', 'x'와 결합할 때 각각 'ju', 'qu', 'xu'로 표기한다.

'i'의 발음은 우리말 '으' 발음과 유사한데, 구강의 앞부분에서 발음하도록 한다.

운모 'i', 'u', 'ü'가 성모 없이 단독으로 쓰일 때 각각 'yi', 'wu', 'yu'로 표기한다.

★ 주의해야 할 발음

- 'e'가 성모와 결합할 때는 [ɤ]로 발음한다. 단, 'e'가 '了(le)'와 같이 경성으로 쓰일 때는 [ə]로 발음한다.
- 'ei'의 'e'는 [e]로 발음한다.
- 'en'과 'eng'의 'e'는 [ə]로 발음한다.

※ 감탄사에 나오는 음절(ng, hm, hng 등)은 생략함.

ie	iao	iou(iu)	ian	in	iang	ing	iong	ua	uo	uai	uei(ui)	uan	uen(un)	uang	ueng	üe	üan	ün
bie	biao		bian	bin		bing												
pie	piao		pian	pin		ping												
mie	miao	miu	mian	min		ming												
die	diao	diu	dian			ding			duo		dui	duan	dun					
tie	tiao		tian			ting			tuo		tui	tuan	tun					
nie	niao	niu	nian	nin	niang	ning			nuo			nuan				nüe		
lie	liao	liu	lian	lin	liang	ling			luo			luan	lun			lüe		
								gua	guo	guai	gui	guan	gun	guang				
								kua	kuo	kuai	kui	kuan	kun	kuang				
								hua	huo	huai	hui	huan	hun	huang				
jie	jiao	jiu	jian	jin	jiang	jing	jiong									jue	juan	jun
qie	qiao	qiu	qian	qin	qiang	qing	qiong									que	quan	qun
xie	xiao	xiu	xian	xin	xiang	xing	xiong									xue	xuan	xun
								zhua	zhuo	zhuai	zhui	zhuan	zhun	zhuang				
								chua	chuo	chuai	chui	chuan	chun	chuang				
								shua	shuo	shuai	shui	shuan	shun	shuang				
								rua	ruo		rui	ruan	run					
									zuo		zui	zuan	zun					
									cuo		cui	cuan	cun					
									suo		sui	suan	sun					
ye	yao	you	yan	yin	yang	ying	yong	wa	wo	wai	wei	wan	wen	wang	weng	yue	yuan	yun

- 'uei', 'uen'이 성모와 결합할 때 각각 'ui', 'un'으로 표기한다.
- 'ü'가 'j', 'q', 'x'와 결합할 때 'u'로 표기한다.
- 'iou'가 성모와 결합할 때 'iu'로 표기한다.
- 'i'가 음절의 첫 글자로 쓰일 때 'y'로 표기한다.
- 'ü'가 음절의 첫 글자로 쓰일 때 'yu'로 표기한다.
- 'u'가 음절의 첫 글자로 쓰일 때 'w'로 표기한다.

- 'ie'의 'e'는 [ɛ]로 발음한다.
- 'ian'의 'a'는 [ɛ]로 발음한다.
- 'uei'의 'e'는 [e]로 발음한다.
- 'üe'의 'e'는 [ɛ]로 발음한다.

※ [ ] 안의 음가는 국제음성기호(IPA)를 따름

191

다락원 홈페이지에서 MP3 파일
다운로드 및 실시간 재생 서비스

최신개정 신공략 중국어 ❶

저자 马箭飞(主编)
　　　苏英霞·翟艳(编著)
편역 변형우, 주성일, 여승환, 배은한
펴낸이 정규도
펴낸곳 (주)다락원

제1판 1쇄 발행 2000년 11월 1일
제2판 1쇄 발행 2005년 12월 19일
제3판 1쇄 발행 2019년 1월 7일
제3판 9쇄 발행 2024년 12월 19일

기획·편집 이원정, 오혜령, 이상윤
디자인 박나래
조판 최영란
일러스트 놈스, 조재희, 성자연
녹음 曹红梅, 朴龙君, 于海峰, 王乐, 허강원

圖다락원 경기도 파주시 문발로 211
전화 (02)736-2031(내선 250~252/내선 430)
팩스 (02)732-2037
출판등록 1977년 9월 16일 제406-2008-000007호

Copyright ⓒ 2015, 北京大学出版社
원제: 《汉语口语速成》_入门篇·上册(第三版)
The Chinese edition is originally published by Peking University Press. This translation is published by arrangement with Peking University Press, Beijing, China. All rights reserved. No reproduction and distribution without permission.

한국 내 Copyright ⓒ 2019, (주)다락원
이 책의 한국 내 저작권은 北京大学出版社와의 독점 계약으로 ㈜다락원이 소유합니다.

저자 및 출판사의 허락 없이 이 책의 일부 또는 전부를 무단 복제·전재·발췌할 수 없습니다. 구입 후 철회는 회사 내규에 부합하는 경우에 가능하므로 구입처에 문의하시기 바랍니다. 분실·파손 등에 따른 소비자 피해에 대해서는 공정거래위원회에서 고시한 소비자 분쟁 해결 기준에 따라 보상 가능합니다. 잘못된 책은 바꿔 드립니다.

ISBN 978-89-277-2242-7 18720
　　　 978-89-277-2241-0 (set)

www.darakwon.co.kr
다락원 홈페이지를 방문하시면 상세한 출판 정보와 함께 동영상 강좌, MP3 자료 등 다양한 어학 정보를 얻으실 수 있습니다.

최신개정 신공략 중국어 ①

워크북

01 안녕하세요!

⬢ 발음 훈련 1 : 숫자 읽기

❶ 숫자 1~10 🎧 wbook 01

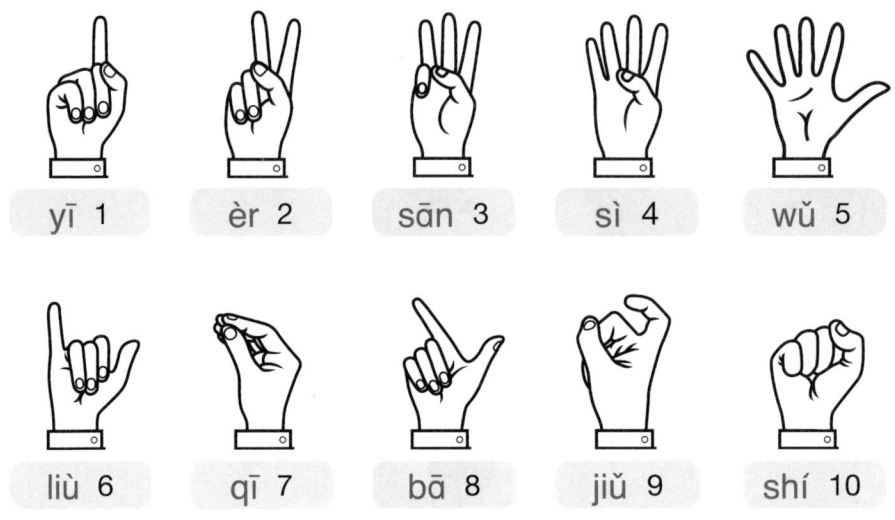

❷ 숫자 10~100 🎧 wbook 02

shí	èrshí	sānshí	sìshí	wǔshí
10	20	30	40	50
liùshí	qīshí	bāshí	jiǔshí	yìbǎi
60	70	80	90	100

❸ 숫자 챈트 🎧 wbook 03

> sì shì sì, shí shì shí, sì bú shì shí, shí bú shì sì.
> shísì shì shísì, sìshí shì sìshí, shísì bú shì sìshí, sìshí bú shì shísì.

4는 4이고, 10은 10이다. 4는 10이 아니고, 10은 4가 아니다.
14는 14이고, 40은 40이다. 14는 40이 아니고, 40은 14가 아니다.

확인 TEST

1 녹음을 듣고 빈칸에 알맞은 성모를 써 보세요. 🎧 wbook 04

(1) _____ao (2) _____e (3) _____u

(4) _____ian (5) _____ua (6) _____uo

2 녹음을 듣고 빈칸에 알맞은 운모를 써 보세요. 🎧 wbook 05

(1) k_____ (2) b_____ (3) h_____

(4) zh_____ (5) m_____ (6) x_____

3 녹음을 듣고 알맞은 위치에 성조를 표기해 보세요. 🎧 wbook 06

(1) mama (2) yeye (3) women

(4) xiexie (5) laoshi (6) nimen

4 녹음을 듣고 단어의 한어병음과 뜻을 빈칸에 써 보세요. 🎧 wbook 07

(1) 对不起			(2) 没关系		
(3) 说			(4) 再见		
(5) 请进			(6) 不客气		

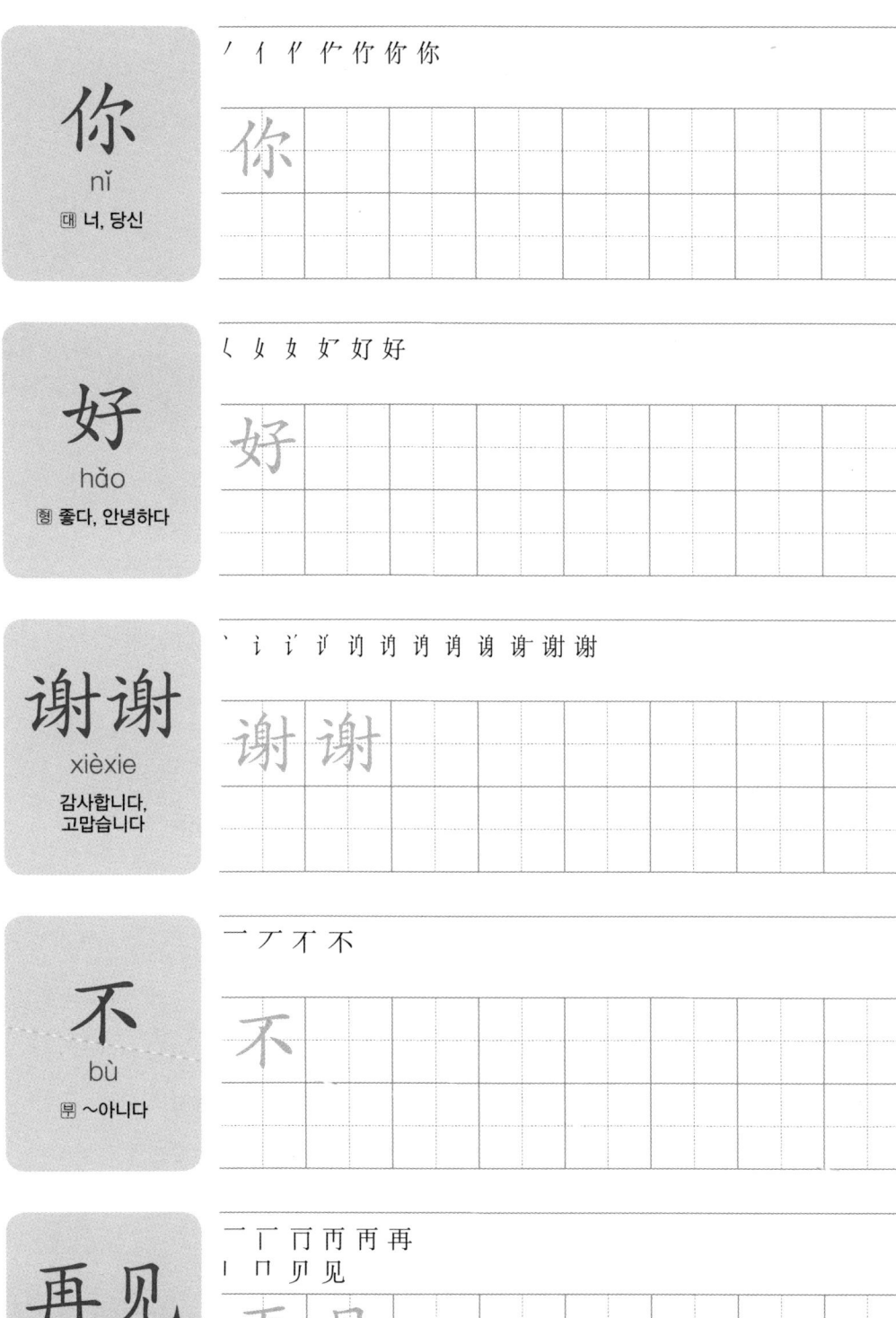

请 qǐng
동 ~하세요

丶 讠 讠 许 诗 诗 请 请 请 请

进 jìn
동 (안으로) 들다

一 二 斤 井 井 讲 进

您 nín
대 당신, 선생님

丿 亻 亻 忄 作 你 你 您 您 您

老师 lǎoshī
명 선생님

一 十 土 耂 耂 老
丨 丿 厂 厂 师 师

坐 zuò
동 앉다

丿 人 人 人人 丛 坐 坐

02 잘 지내세요?

◆ 발음 훈련 2 : 3성의 성조 변화

❶ 제3성+제3성 → 제2성+제3성 ∩ wbook 08

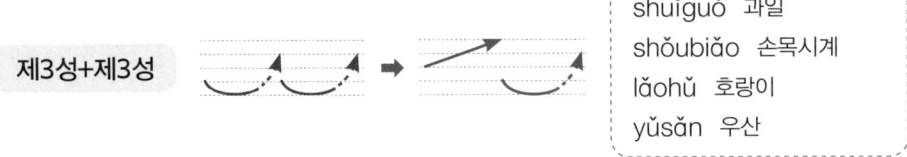

shuǐguǒ 과일
shǒubiǎo 손목시계
lǎohǔ 호랑이
yǔsǎn 우산

❷ 제3성+제1, 2, 4성, 경성 → 반3성+제1, 2, 4성, 경성 ∩ wbook 09

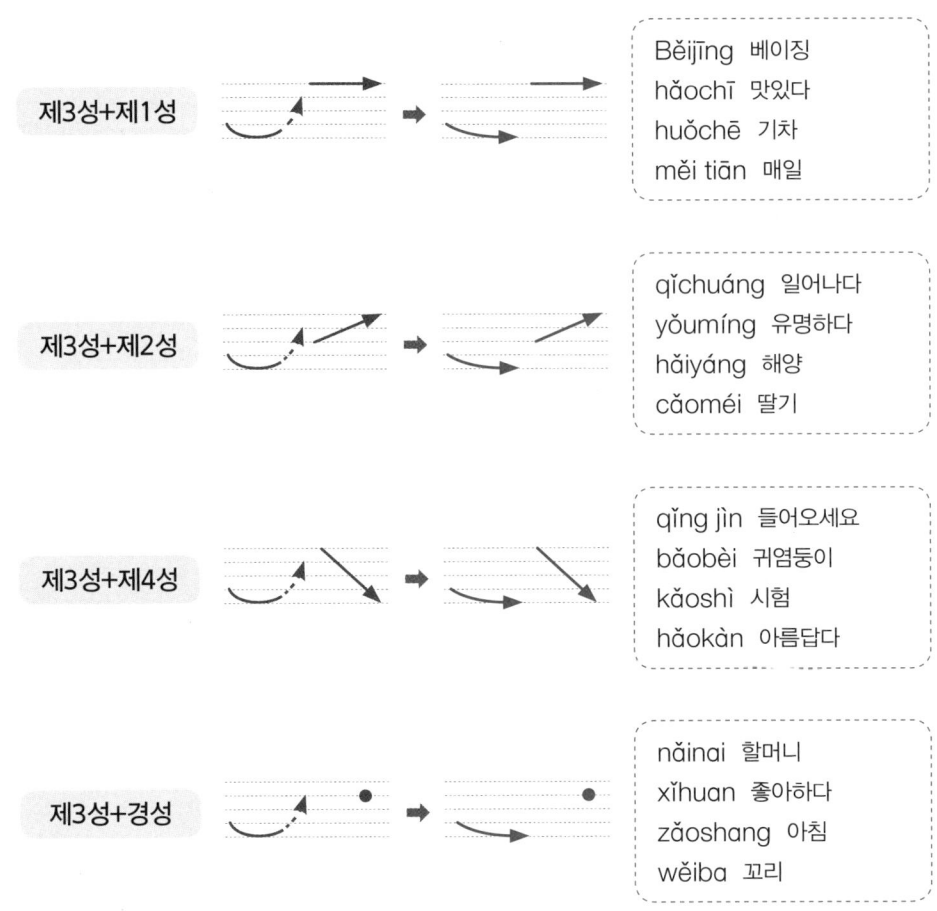

Běijīng 베이징
hǎochī 맛있다
huǒchē 기차
měi tiān 매일

qǐchuáng 일어나다
yǒumíng 유명하다
hǎiyáng 해양
cǎoméi 딸기

qǐng jìn 들어오세요
bǎobèi 귀염둥이
kǎoshì 시험
hǎokàn 아름답다

nǎinai 할머니
xǐhuan 좋아하다
zǎoshang 아침
wěiba 꼬리

확인 TEST

1 녹음을 듣고 알맞은 발음을 골라 보세요. 🎧 wbook 10

(1) ma / me   (2) te / tu

(3) fo / fu   (4) de / du

(5) la / lu   (6) nu / nü

2 녹음을 듣고 단어의 한어병음과 뜻을 빈칸에 써 보세요. 🎧 wbook 11

(1) 很   (2) 妈妈

(3) 爸爸   (4) 都

(5) 忙   (6) 累

3 빈칸에 알맞은 어휘를 써서 문장을 완성하세요.

(1) Wǒ hěn hǎo. _____?
　　나는 잘 지내요. 당신은요?

(2) Wǒ _____ hěn hǎo.
　　나도 잘 지냅니다.

(3) Wǒ _____ máng.
　　나는 바쁘지 않습니다.

 **간체자 쓰기**

吗 ma
조 [문장 끝에 쓰여 의문의 어기를 나타냄]

丨 口 口 叩 吗 吗

我 wǒ
대 나, 저

一 二 干 手 我 我 我

很 hěn
부 매우, 아주

' ㄱ 彳 彳 彳 彳 彳 很 很

也 yě
부 ~도, 또한

フ 力 也

爸爸 bàba
명 아빠, 아버지

' ハ グ 父 父 爷 爸 爸

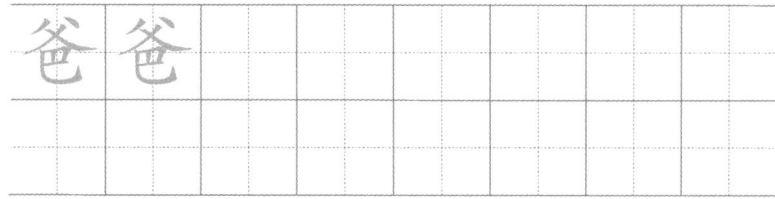

03 뭐 먹을래요?

◯ 발음 훈련 3 : 不(bù)와 一(yī)의 성조 변화

❶ 不(bù)의 성조 변화 🎧 wbook 12

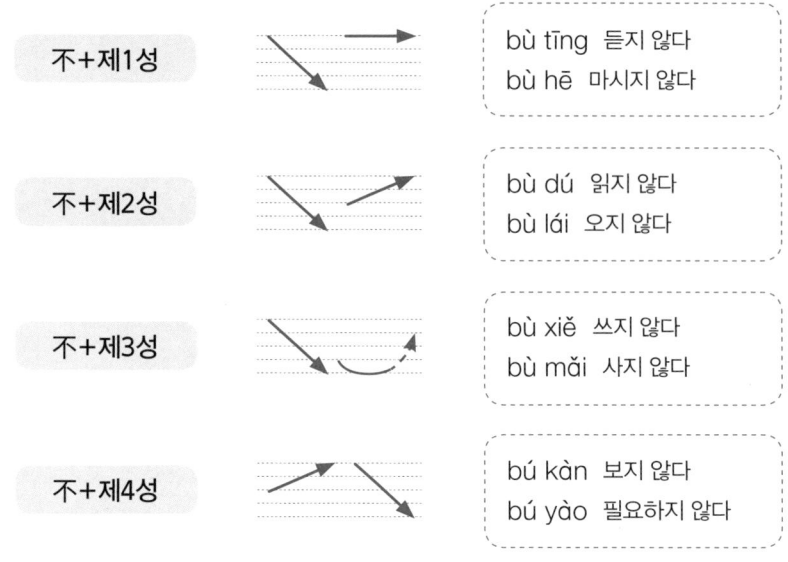

❷ 一(yī)의 성조 변화 🎧 wbook 13

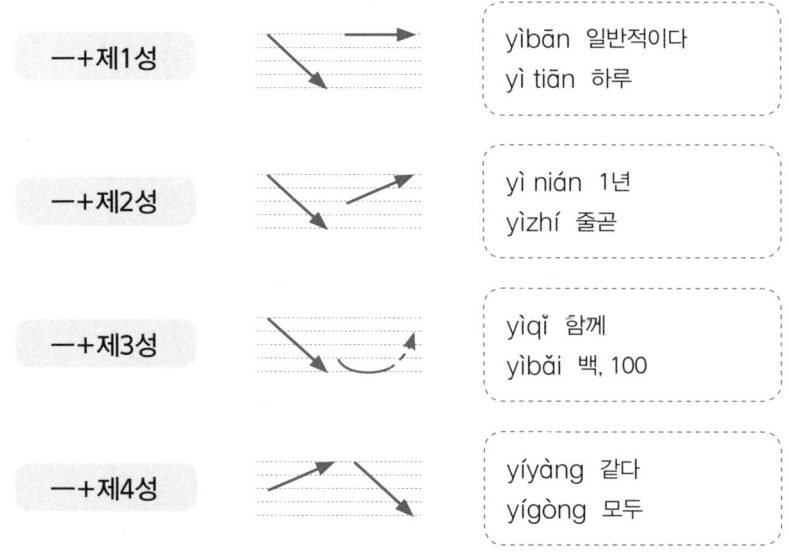

※ '一'가 단음절일 때, 단어의 끝에 올 때, 서수사로 쓰일 때는 제1성으로 발음한다.
   예) yī   tóngyī   dì yī   yī yuè

확인 TEST

1 녹음을 듣고 알맞은 발음을 골라 보세요. 🎧 wbook 14

(1) bāi / pāi (2) nǎo / lǎo

(3) lěng / lóng (4) háng / hóng

(5) fàn / fān (6) māo / mōu

2 녹음을 듣고 단어의 한어병음과 뜻을 빈칸에 써 보세요. 🎧 wbook 15

(1) 吃   (2) 词典

(3) 什么   (4) 书

(5) 茶   (6) 买

3 빈칸에 알맞은 어휘를 써서 문장을 완성하세요.

(1) Wǒ hē _____.
    나는 우유 마실래요.

(2) Wǒ hē _____.
    나는 생수 마실래요.

(3) Wǒ hē _____.
    나는 커피 마실래요.

간체자 쓰기

吃 chī
동 먹다

丨 丨? 口 口? 吃 吃

什么 shénme
대 무엇, 무슨, 어떤

丿 亻 什 什
丿 么 么

喝 hē
동 마시다

丨 口 口 口? 口? 吧 吧 吧 喝 喝 喝 喝

买 mǎi
동 사다

乛 乛? 乛? 买 买

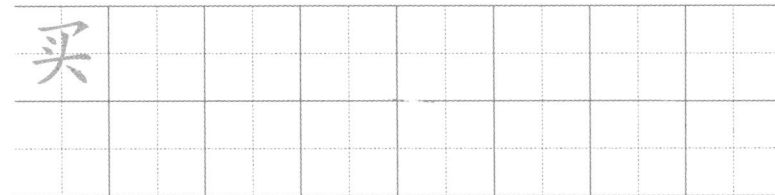

词典 cídiǎn
명 사전

丶 讠 讠? 词 词 词 词
丨 冂 曰 由 曲 曲 典 典

米饭
mǐfàn
명 쌀밥

丶丷丷半米米
ノ乞乍乍饣饭

米饭

面包
miànbāo
명 빵

一ブ厂厉而而面面面
ノ勹勺句包

面包

茶
chá
명 차

一十艹艹艾苁苓茶茶

茶

咖啡
kāfēi
명 커피

丨口口叨咖咖咖咖
丨口口叶吖吖啡啡啡啡

咖啡

书
shū
명 책

フ乛书书

书

04 얼마예요?

◆ 발음 훈련 4 : 성조의 연결   🎧 wbook 16

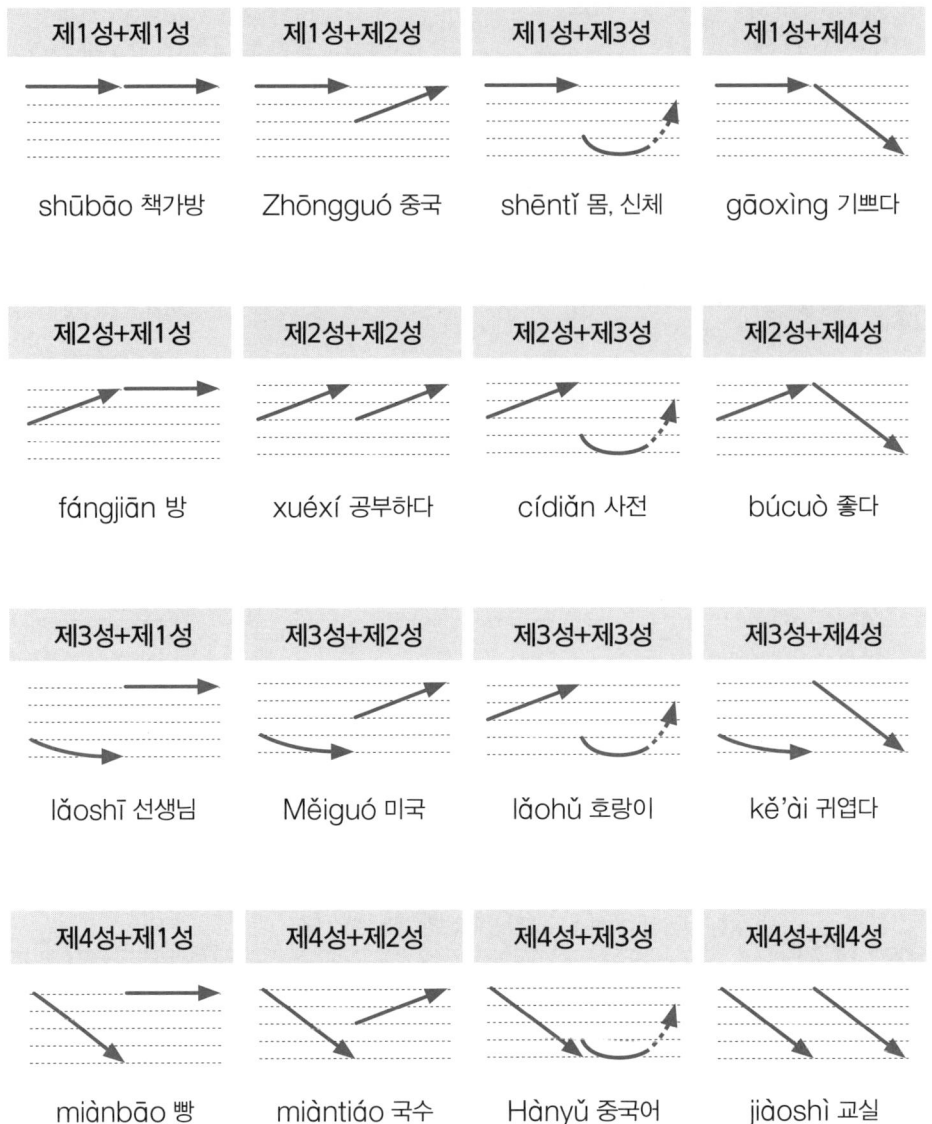

확인 TEST

1 녹음을 듣고 알맞은 발음을 골라 보세요. 🎧 wbook 17

(1) qián / xián (2) juān / xuān

(3) jiǎng / qiǎng (4) xué / xié

(5) nián / lián (6) jūn / qūn

2 녹음을 듣고 단어의 한어병음과 뜻을 빈칸에 써 보세요. 🎧 wbook 18

(1) 多少　　　　　　(2) 百
(3) 钱　　　　　　　(4) 要
(5) 换　　　　　　　(6) 两

3 빈칸에 알맞은 어휘를 써서 문장을 완성하세요.

(1) _____ duōshao qián?
빵 두 개에 얼마입니까?

(2) _____ duōshao qián?
커피 한 잔에 얼마입니까?

(3) _____ duōshao qián?
생수 세 병에 얼마입니까?

간체자 쓰기

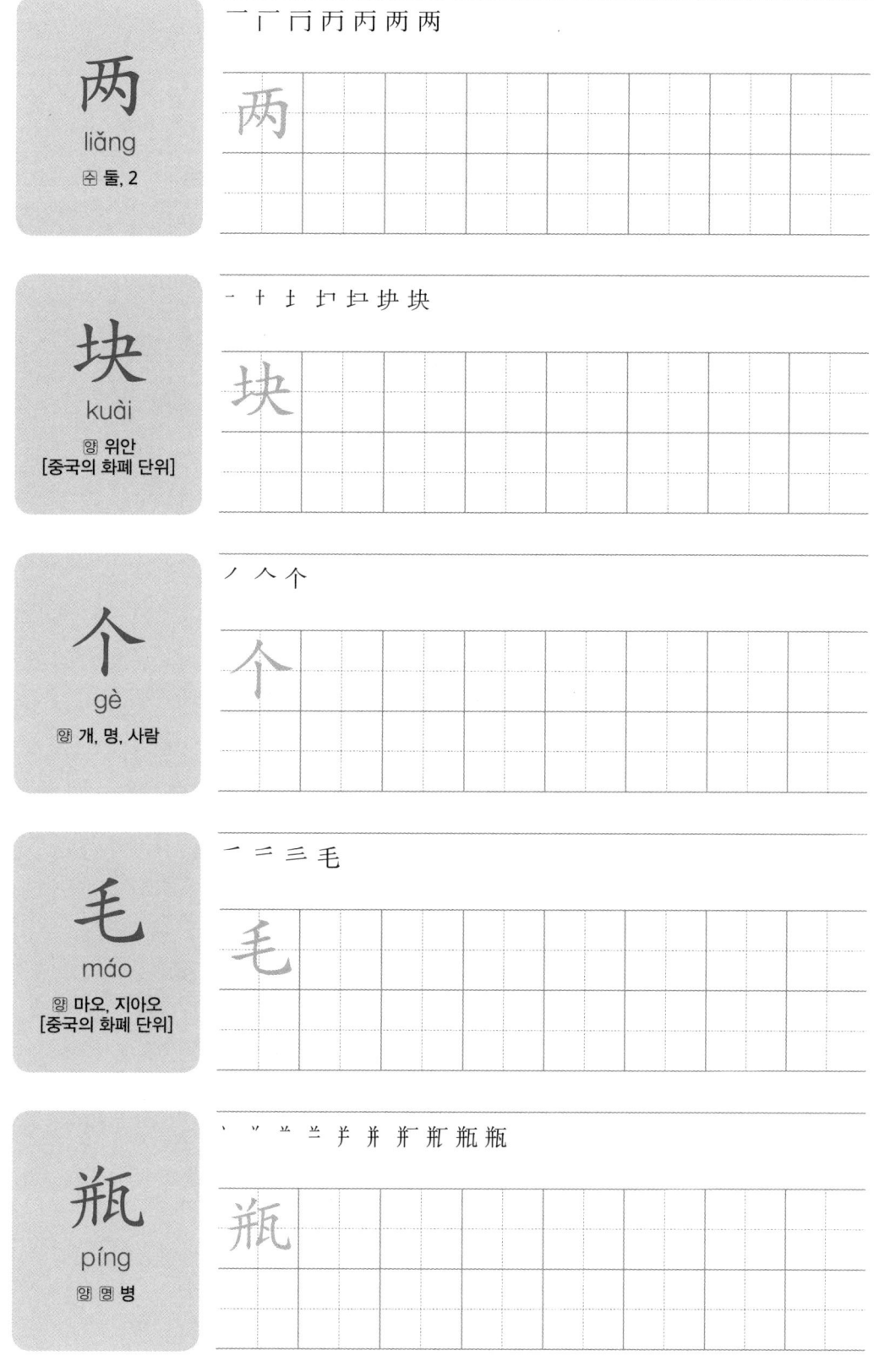

05 도서관은 어디에 있나요?

◎ 발음 훈련 5 : 권설음, 설치음, 설면음

❶ 권설음·설치음 🎧 wbook 19

권설음	zhī	zhí	zhǐ	zhì
	chī	chí	chǐ	chì
	shī	shí	shǐ	shì
				rì

설치음	zī	zí	zǐ	zì
	cī	cí	cǐ	cì
	sī	sí	sǐ	sì

❷ 설면음·설치음 🎧 wbook 20

설면음	jū	jú	jǔ	jù
	qū	qú	qǔ	qù
	xū	xú	xǔ	xù

설치음	zū	zú	zǔ	zù
	cū	cú	cǔ	cù
	sū	sú	sǔ	sù

확인 TEST

1 녹음을 듣고 알맞은 발음을 골라 보세요. 🎧 wbook 21

(1) cí   chí   (2) zāng   zhāng

(3) sè   shè   (4) cóng   chóng

(5) luò   ruò   (6) suō   shuō

2 주어진 뜻에 해당하는 단어를 중국어로 써 보세요.

(1) _____ (2) _____ (3) _____
       도서관   우체국   알다

(4) _____ (5) _____ (6) _____
       유학생   기숙사   식당

3 빈칸에 알맞은 어휘를 써서 문장을 완성하세요.

(1) 请问，银行 _____?
    말씀 좀 여쭙겠습니다. 은행이 어디에 있습니까?

(2) 对不起，_____。
    죄송합니다. 잘 모르겠어요.

(3) 我去 _____。
    나는 톈안먼에 갑니다.

간체자 쓰기

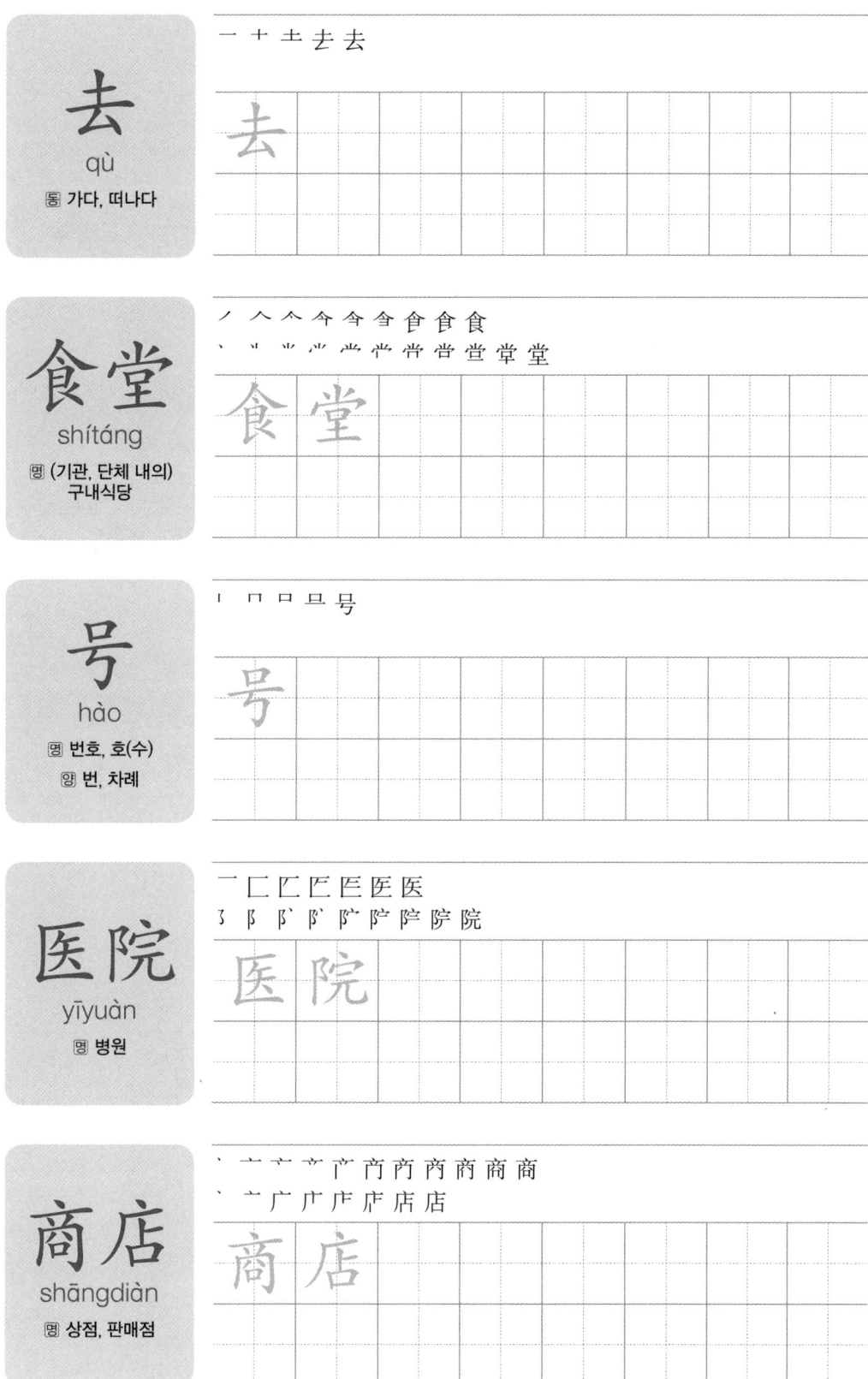

06 제가 소개 좀 할게요.

핵심표현 & 교체연습 🎧 wbook 22

❶ 学习 공부하다

我学习汉语。
Wǒ xuéxí Hànyǔ.
나는 중국어를 공부한다.

교체 단어
- 英语 영어 Yīngyǔ
- 法语 프랑스어 Fǎyǔ
- 日语 일어 Rìyǔ

❷ 是 ~이다

他是韩国人。
Tā shì Hánguó rén.
그는 한국인이다.

교체 단어
- 中国人 중국인 Zhōngguó rén
- 美国人 미국인 Měiguó rén
- 法国人 프랑스인 Fǎguó rén

❸ 不是 ~이 아니다

李英男不是德国人。
Lǐ Yīngnán bú shì Déguó rén.
이영남은 독일인이 아니다.

교체 단어
- 老师 선생님 lǎoshī
- 大学生 대학생 dàxuéshēng
- 日本人 일본인 Rìběn rén

❹ 的 ~의

这是我的汉语书。
Zhè shì wǒ de Hànyǔ shū.
이것은 내(나의) 중국어책이다.

교체 단어
- 书包 책가방 shūbāo
- 本子 노트 běnzi
- 女儿 딸 nǚ'ér

확인 TEST

1 주어진 뜻에 해당하는 단어를 중국어로 써 보세요.

(1) _____ (2) _____ (3) _____
  학우, 학교 친구   예쁘다   귀엽다, 사랑스럽다

(4) _____ (5) _____ (6) _____
    중국어   소개하다   똑똑하다, 총명하다

2 빈칸에 알맞은 어휘를 써서 문장을 완성하세요.

(1) 他们 _____ 德国人。
   그들은 모두 독일인이 아닙니다.

(2) 那是我朋友西蒙 _____ 李英男。
   저쪽은 내 친구 사이먼과 이영남입니다.

(3) 她漂亮 _____ 。
   그녀는 너무 예쁩니다.

3 녹음을 듣고 주어진 뜻에 해당하는 문장을 중국어로 써 보세요. 🎧 wbook 23

(1) _____ 만나서 반갑습니다.

(2) _____ 우리 교실은 크지 않습니다.

(3) _____ 그들도 유학생입니다.

간체자 쓰기

高兴 gāoxìng
형 기쁘다, 즐겁다

来 lái
동 어떤 동작을 하다

是 shì
동 ~이다

学习 xuéxí
동 공부하다, 학습하다

汉语 Hànyǔ
명 중국어

学生
xuéshēng
명 학생

丶 丷 ⺌ ⺍ 学 学 学 学
丿 ⺍ 匕 牛 生

学生

这
zhè
대 이, 이것

丶 亠 ナ 文 文 这 这

这

我们
wǒmen
대 우리(들)

丿 一 扌 于 手 我 我
丿 亻 亻 亻 们

我们

朋友
péngyou
명 친구

丿 冂 月 月 刖 朋 朋 朋
一 ナ 方 友

朋友

漂亮
piàoliang
형 예쁘다, 아름답다

丶 冫 氵 氵 汀 沂 沥 沥 漂 漂 漂 漂
丶 亠 亠 亡 宁 亨 亮 亮 亮

漂亮

07 건강은 괜찮으신가요?

핵심표현 & 교체연습 🎧 wbook 24

❶ 不太 그다지 ~하지 않다

我的宿舍不太大。
Wǒ de sùshè bú tài dà.
내 기숙사는 그다지 크지 않다.

교체 단어
- 我的房间 내 방 wǒ de fángjiān
- 我们学校 우리 학교 wǒmen xuéxiào
- 我家 우리집 wǒ jiā

❷ 有 있다, 가지고 있다

宿舍里有空调。
Sùshè li yǒu kōngtiáo.
기숙사에 에어컨이 있다.

교체 단어
- 电视 텔레비전 diànshì
- 桌子 책상 zhuōzi
- 洗衣机 세탁기 xǐyījī

❸ 没有 없다

我没有同屋。
Wǒ méiyǒu tóngwū.
나는 룸메이트가 없다.

교체 단어
- 哥哥 형(오빠) gēge
- 姐姐 누나(언니) jiějie
- 弟弟 남동생 dìdi
- 妹妹 여동생 mèimei

❹ 离 ~에서, ~로부터

我的宿舍离教室很近。
Wǒ de sùshè lí jiàoshì hěn jìn.
내 기숙사는 교실에서 가깝다.

교체 단어
- 食堂 식당 shítáng
- 他家 그의 집 tā jiā
- 他的宿舍 그의 기숙사 tā de sùshè

확인 TEST

1 주어진 뜻에 해당하는 단어를 중국어로 써 보세요.

(1) _____ (2) _____ (3) _____
　　몸, 신체　　　　　　비교적　　　　　　머리카락

(4) _____ (5) _____ (6) _____
　　학교　　　　　　　텔레비전　　　　　최근, 요즈음

2 빈칸에 알맞은 어휘를 써서 문장을 완성하세요.

(1) 他们学习 _____ 。
　　그들은 매우 열심히 공부합니다.

(2) 你 _____ 同屋?
　　당신은 룸메이트가 있습니까?

(3) 房间里 _____ 空调。
　　방 안에 에어컨이 없습니다.

3 녹음을 듣고 주어진 뜻에 해당하는 문장을 중국어로 써 보세요.　🎧 wbook 25

(1) _____　나는 공부하느라 좀 바쁩니다.

(2) _____　당신의 기숙사는 교실에서 멉니까?

(3) _____　우리 학교는 유학생이 아주 많습니다.

간체자 쓰기

最近 zuìjìn
명 최근, 요즈음

丨 冂 曰 月 旦 甲 早 昇 昂 最 最
一 厂 厂 斤 斤 近 近

身体 shēntǐ
명 몸, 신체, 건강

丿 亻 亻 亻 身 身 身
丿 亻 亻 什 休 休 体

比较 bǐjiào
부 비교적

一 上 比 比
一 亡 左 车 车 车 车 车 车 较

里 lǐ
명 안, 속

丨 冂 日 曰 旦 甲 里

有 yǒu
동 있다, 가지고 있다

一 ナ 才 有 有 有

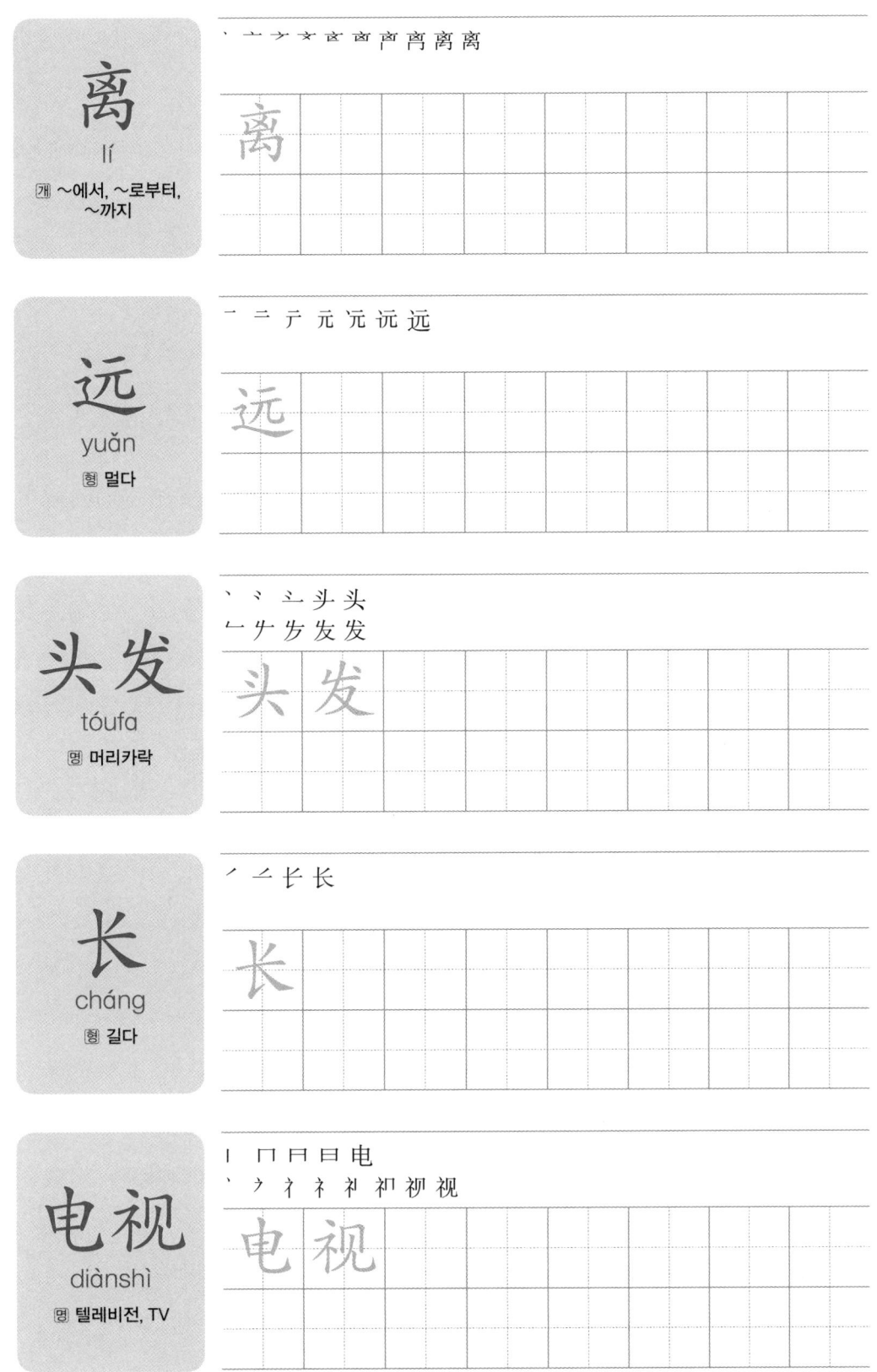

08 당신은 어느 나라 사람이에요?

핵심표현 & 교체연습 🎧 wbook 26

① 姓 성이 ~이다

我姓王。
Wǒ xìng Wáng.
나는 왕씨입니다.

교체 단어
金 김 Jīn   李 이 Lǐ   朴 박 Piáo

② 哪儿 어디, 어느 곳

你在哪儿学习?
Nǐ zài nǎr xuéxí?
당신은 어디에서 공부합니까?

교체 단어
工作 일하다 gōngzuò   休息 쉬다 xiūxi   玩儿 놀다 wánr

③ 在 ~에서

我在北京语言大学学习。
Wǒ zài Běijīng Yǔyán Dàxué xuéxí.
나는 베이징어언대학에서 공부합니다.

교체 단어
家里 집 안 jiāli   图书馆 도서관 túshūguǎn   咖啡厅 카페 kāfēitīng

④ 跟 ~와(과)

我跟我的中国朋友一起学习。
Wǒ gēn wǒ de Zhōngguó péngyou yìqǐ xuéxí.
나는 내 중국 친구와 함께 공부합니다.

교체 단어
我的同屋 내 룸메이트 wǒ de tóngwū   弟弟 남동생 dìdi   外国朋友 외국 친구 wàiguó péngyou

확인 TEST

1 다음 빈칸을 알맞게 채워 넣으세요.

(1)		míngzi	이름
(2)	睡觉	shuìjiào	
(3)	休息	xiūxi	
(4)		fángjiān	방
(5)	电话		전화
(6)		chángcháng	항상, 늘

2 주어진 단어를 어순에 맞게 배열하여 문장을 완성하세요.

(1) 下午　　每天　　做　　你　　什么

→ _____

(2) 去图书馆　　有时候　　学习　　休息　　有时候　　在家

→ _____

(3) 一起　　常常　　谁　　你　　学习　　跟

→ _____

3 녹음을 듣고 주어진 뜻에 해당하는 문장을 중국어로 써 보세요. 🎧 wbook 27

(1) _____ 당신의 전화번호는 몇 번입니까?

(2) _____ 내 방은 109호입니다.

(3) _____ 우리 반에는 15명의 학생이 있습니다.

간체자 쓰기

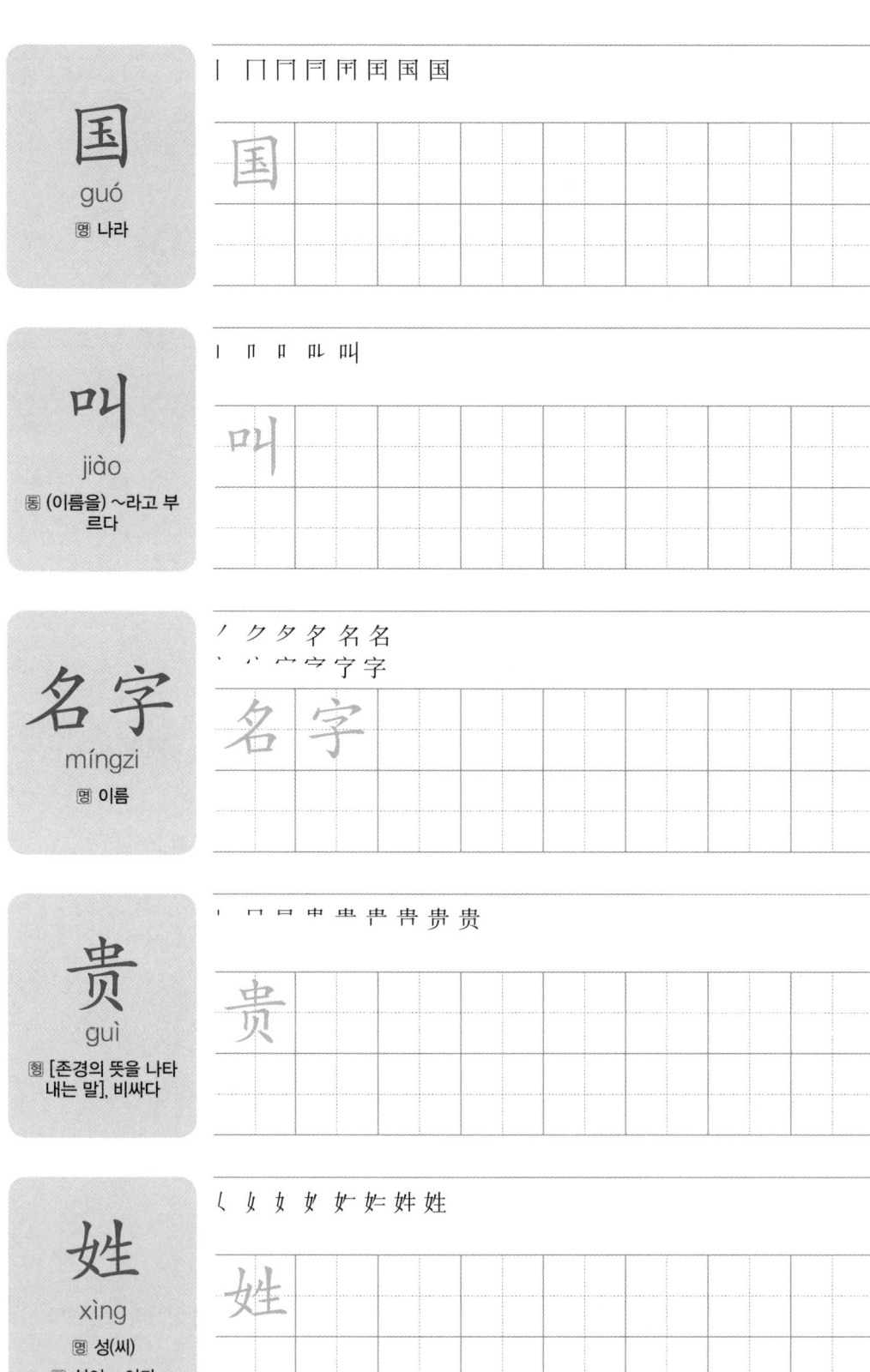

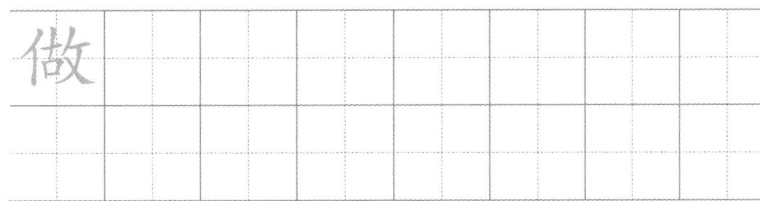

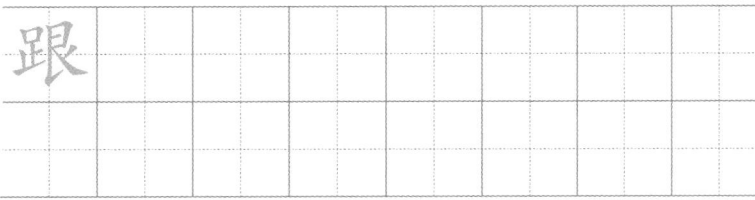

09 당신의 가족은 몇 명이에요?

핵심표현 & 교체연습 🎧 wbook 28

❶ 口 사람, 식구

我家有<u>五</u>口人。
Wǒ jiā yǒu wǔ kǒu rén.
우리 가족은 다섯 명입니다.

교체 단어
- 两 2, 둘 liǎng
- 三 3, 셋 sān
- 四 4, 넷 sì

❷ 和 ~와(과)

爸爸、妈妈、<u>两个哥哥</u>和我。
Bàba、māma、liǎng ge gēge hé wǒ.
아빠, 엄마, 오빠 두 명과 나입니다.

교체 단어
- 一个弟弟 남동생 한 명 yí ge dìdi
- 两个妹妹 여동생 두 명 liǎng ge mèimei
- 三个姐姐 누나 세 명 sān ge jiějie

❸ 岁 살, 세

我父亲今年<u>六十岁</u>。
Wǒ fùqīn jīnnián liùshí suì.
우리 아버지는 올해 60세입니다.

교체 단어
- 六十七 67 liùshíqī
- 五十五 55 wǔshíwǔ
- 七十一 71 qīshíyī

❹ 谁 누구

这是谁<u>的孩子</u>?
zhè shì shéi de háizi?
얘(이것)는 누구의 아이입니까?

교체 단어
- 女儿 딸 nǚ'ér
- 书 책 shū
- 包 가방 bāo

확인 TEST

1 다음 빈칸을 알맞게 채워 넣으세요.

(1)		gōngzuò	일하다
(2)	名片		명함
(3)	售货员		판매원
(4)		jīnnián	올해
(5)	医生	yīshēng	
(6)		dāngrán	당연히, 물론

2 자연스러운 대화가 되도록 연결해 보세요.

(1) 你女儿今年几岁? · · A 她今年八十五岁。

(2) 你今年多大? · · B 我今年二十七岁。

(3) 你奶奶今年多大年纪? · · C 她今年六岁。

3 녹음을 듣고 주어진 뜻에 해당하는 문장을 중국어로 써 보세요. 🎧 wbook 29

(1) _____
당신의 어머니는 어디에서 일합니까?

(2) _____
우리 누나는 병원에서 일합니다. 그녀는 의사입니다.

(3) _____
나는 형제자매가 없습니다. 나는 외아들입니다.

간체자 쓰기

想 xiǎng
동 그리워하다, 생각하다

一 十 十 木 朩 机 机 相 相 相 想 想 想

想

家 jiā
명 집, 가정

、丶宀宀宁宇字家家家

家

当然 dāngrán
부 당연히, 물론

丨 丬 半 当 当 当
ノ ク タ タ ケ 奴 然 然 然 然 然 然

当 然

公司 gōngsī
명 회사

ノ 八 公 公
丁 コ 司 司 司

公 司

记者 jìzhě
명 기자

、 讠 记 记 记
一 十 土 耂 老 者 者 者

记 者

父母
fùmǔ
명 부모

丿 八 グ 父
𠃜 口 口 母 母

今年
jīnnián
명 올해, 금년

丿 人 𠆢 今
丿 ㄥ 二 𠂉 左 年

岁
suì
양 살, 세
[나이를 세는 단위]

丨 屮 山 岁 岁 岁

真
zhēn
부 참으로, 진정으로

一 十 广 古 占 直 直 真 真

奶奶
nǎinai
명 할머니

〱 𠄌 女 奶 奶

10 지금 몇 시예요?

🔵 핵심표현 & 교체연습 🎧 wbook 30

❶ 几点 몇 시

你几点吃早饭?
Nǐ jǐ diǎn chī zǎofàn?
당신은 몇 시에 아침밥을 먹습니까?

교체 단어
| 去学校 학교에 가다 | 回家 집으로 돌아가다 | 下班 퇴근하다 |
| qù xuéxiào | huíjiā | xiàbān |

❷ 什么时候 어느 때, 언제

你什么时候上课?
Nǐ shénme shíhou shàngkè?
당신은 언제 수업을 듣습니까?

교체 단어
| 来 오다 | 出发 출발하다 | 回国 귀국하다 |
| lái | chūfā | huíguó |

❸ 从……到…… ~에서 ~까지

我从上午八点到十二点上课。
Wǒ cóng shàngwǔ bā diǎn dào shí'èr diǎn shàngkè.
나는 오전 8시부터 12시까지 수업을 듣습니다.

교체 단어
下午两点 오후 2시	四点 4시	早上七点 아침 7시	八点 8시
xiàwǔ liǎng diǎn	sì diǎn	zǎoshang qī diǎn	bā diǎn
晚上八点 저녁 8시	九点半 9시 반		
wǎnshang bā diǎn	jiǔ diǎn bàn		

❹ ○月○号 ~월 ~일

今天七月二十二号。
Jīntiān qī yuè èrshí'èr hào.
오늘은 7월 22일입니다.

교체 단어
| 昨天 어제 | 明天 내일 | 后天 모레 |
| zuótiān | míngtiān | hòutiān |

확인 TEST

1 다음 빈칸을 알맞게 채워 넣으세요.

(1)		아침
(2)		xiàkè
(3)	早饭	
(4)	见面	
(5)		출발하다, 떠나다
(6)		děng

2 자연스러운 대화가 되도록 연결해 보세요.

(1) 你什么时候上课? ·   · A 十三号不是星期六，是星期天。

(2) 十三号是星期六吧? ·   · B 我从上午九点到三点上课。

(3) 你什么时候吃早饭? ·   · C 我差五分七点吃早饭。

3 녹음을 듣고 주어진 뜻에 해당하는 문장을 중국어로 써 보세요. 🎧 wbook 31

(1)
목요일에 우리 톈안먼에 가는 게 어때요?

(2)
우리 몇 시에 만날까요?

(3)
내가 도서관 입구에서 당신을 기다리겠습니다.

간체자 쓰기

现在 xiànzài
명 지금, 현재

一 二 千 王 尹 到 现 现
一 ナ 广 存 在 在

点 diǎn
양 시

丨 卜 片 占 占 点 点 点

半 bàn
주 절반, 2분의 1

丶 丷 半 半 半

时候 shíhou
명 때, 시각

丨 冂 日 日 旷 时 时
丿 亻 亻 亻 仃 忊 忊 候 候 候

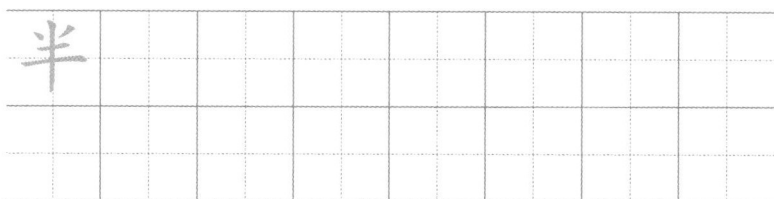

星期 xīngqī
명 주, 요일

丨 冂 冃 日 尸 早 星 星 星
一 十 卄 廿 甘 其 其 其 期 期 期

出发 chūfā
동 출발하다, 떠나다

⼁ ⼂ ⼃ 中 出 出
一 ナ 步 发 发

出发

差 chà
형 부족하다, 모자라다

丶 丷 ⺷ 兰 兰 羊 差 差 差

差

等 děng
동 기다리다

ノ ⺊ ⺊ ⺮ ⺮ ⺮ 竹 笁 笁 笁 等 等

等

起床 qǐchuáng
동 일어나다

一 十 土 キ キ 走 走 起 起 起
丶 亠 广 广 庄 床 床

起床

晚饭 wǎnfàn
동 저녁밥

⼁ ⼕ 日 日 旷 旷 昁 晩 晩 晚
ノ 々 饣 饣 饣 饭 饭

晚饭

모범답안

01 안녕하세요!

◆ 확인 TEST

1

(1) gao (2) he (3) ju
(4) tian (5) zhua (6) guo

2

(1) kai (2) biao (3) hua
(4) zhen (5) miao (6) xing

3

(1) māma (2) yéye (3) wǒmen
(4) xièxie (5) lǎoshī (6) nǐmen

4

(1) duìbuqǐ 죄송합니다, 미안합니다
(2) méi guānxi 괜찮습니다
(3) shuō 말하다
(4) zàijiàn 안녕히 가세요, 안녕히 계세요
(5) qǐng jìn 들어오세요
(6) bú kèqi 천만에요

02 잘 지내세요?

◆ 확인 TEST

1

(1) me (2) tu (3) fo
(4) de (5) la (6) nü

2

(1) hěn 매우, 아주 (2) māma 엄마, 어머니
(3) bàba 아빠, 아버지 (4) dōu 모두, 다
(5) máng 바쁘다 (6) lèi 피곤하다, 지치다

3

(1) Wǒ hěn hǎo. Nǐ ne?
(2) Wǒ yě hěn hǎo.
(3) Wǒ bù máng.

03 뭐 먹을래요?

◆ 확인 TEST

1

(1) pāi (2) lǎo (3) lěng
(4) háng (5) fàn (6) māo

2

(1) chī 먹다 (2) cídiǎn 사전
(3) shénme 무엇, 무슨 (4) shū 책
(5) chá 차 (6) mǎi 사다

3

(1) Wǒ hē niúnǎi.
(2) Wǒ hē kuàngquánshuǐ.
(3) Wǒ hē kāfēi.

04 얼마예요?

◆ 확인 TEST

1

(1) qián (2) juān (3) qiǎng
(4) xué (5) lián (6) qūn

2

(1) duōshao 얼마, 몇
(2) bǎi 백, 100
(3) qián 돈, 화폐
(4) yào ~할 것이다, 원하다
(5) huàn 교환하다, 바꾸다
(6) liǎng 둘, 2

3

(1) <u>Liǎng ge miànbāo</u> duōshao qián?
(2) <u>Yì bēi kāfēi</u> duōshao qián?
(3) <u>Sān píng kuàngquánshuǐ</u> duōshao qián?

05 도서관은 어디에 있나요?

확인 TEST

1

(1) cí   (2) zhāng   (3) sè
(4) cóng   (5) ruò   (6) shuō

2

(1) 图书馆   (2) 邮局   (3) 知道
(4) 留学生   (5) 宿舍   (6) 食堂

3

(1) 请问，银行<u>在哪儿</u>?
(2) 对不起，<u>我不知道</u>。
(3) 我去<u>天安门</u>。

06 제가 소개 좀 할게요.

확인 TEST

1

(1) 同学   (2) 漂亮   (3) 可爱
(4) 汉语   (5) 介绍   (6) 聪明

2

(1) 他们都<u>不</u>是德国人。
(2) 那是我朋友<u>西蒙</u>和<u>李英男</u>。
(3) 她漂亮<u>极了</u>。

3

(1) 认识你很高兴。

(2) 我们的教室不大。
(3) 他们也是留学生。

07 건강은 괜찮으신가요?

확인 TEST

1

(1) 身体   (2) 比较   (3) 头发   (4) 学校   (5) 电视
(6) 最近

2

(1) 他们学习<u>非常努力</u>。
(2) 你<u>有没有</u>同屋?
(3) 房间里<u>没有</u>空调。

3

(1) 我学习比较忙。
(2) 你的宿舍离教室远不远?
(3) 我们学校留学生挺多的。

08 당신은 어느 나라 사람이에요?

확인 TEST

1

(1) 名字   (2) (잠을) 자다
(3) 휴식하다, 쉬다   (4) 房间
(5) diànhuà   (6) 常常

2

(1) 每天下午你做什么?
    매일 오후에 당신은 무엇을 합니까?

(2) 有时候在家休息，有时候去图书馆学习。
    어떤 때는 집에서 쉬고, 어떤 때는 공부하러 도서관에 갑니다.

(3) 你常常跟谁一起学习?
    당신은 누구와 함께 자주 공부합니까?

3

(1) 你的电话号码是多少?
(2) 我的房间是109号。
(3) 我们班有十五个学生。

3

(1) 星期四咱们去天安门，怎么样?
(2) 咱们几点见面?
(3) 我在图书馆门口等你。

09 당신의 가족은 몇 명이에요?

◎ 확인 TEST

1

(1) 工作　　　(2) míngpiàn
(3) shòuhuòyuán　(4) 今年
(5) 의사　　　(6) 当然

2

(1) C　　(2) B　　(3) A

3

(1) 你母亲在哪儿工作?
(2) 我姐姐在医院工作，她是医生。
(3) 我没有兄弟姐妹，我是独生子。

10 지금 몇 시예요?

◎ 확인 TEST

1

(1) 早上 zǎoshang
(2) 下课 수업이 끝나다
(3) zǎofàn 아침밥
(4) jiànmiàn 만나다
(5) 出发 chūfā
(6) 等 기다리다

2

(1) B　　(2) A　　(3) C